LES LETTRES D'UNE MÈRE

VICTOR DE MAROLLES

LES

LETTRES D'UNE MÈRE

ÉPISODE DE LA TERREUR

1791-1793

PARIS

LIBRAIRIE ACADÉMIQUE DIDIER

PERRIN ET Cⁱᵉ, LIBRAIRES-ÉDITEURS

35, QUAI DES GRANDS-AUGUSTINS, 35

1901

PRÉFACE

Le 10 frimaire an II (samedi 30 novembre 1793), montait sur l'échafaud Madame Quatre-Solz de Marolles, née Louise-Madeleine-Charlotte de Barentin de Montchal, fille de Charles-Jean-Pierre de Barentin de Montchal, vicomte de la Motte, brigadier des armées du roi, chevalier de Saint-Louis, et de Louise-Madeleine Bertin de Vaugien.

Dans la charrette qui conduisait les condamnés au lieu du supplice, se trouvaient son fils, Charles-Nicolas Quatre-Solz de Marolles, un cousin de son mari, Pierre Quatre-Solz de la Hante, un jeune noble de Coulommiers, Louis Aubert de Fleigny, âgé de 28 ans ; trois prêtres,

Jean-Pierre Le Bas, curé assermenté de Coulommiers, Jean-Baptiste Cagnyé, curé de Saint-Mars, également assermenté, Augustin Leuillot, curé de Saint-Remy de la Vanne, un bourgeois, Augustin Limenton, et un écrivain public, Jean-Antoine Rebours.

Cette *journée* appartenait à la catégorie des personnes dénoncées, suivant la classification de M. Wallon, *pour écrits contre-révolutionnaires*[1]. Or par ces mots, on entendait alors, non seulement des pamphlets, des articles de gazette, des manifestations d'idées destinées à la publicité, mais des papiers confidentiels, des correspondances intimes, des lettres privées. Pour une seule phrase, pour un seul mot échangé dans le secret de l'amitié ou même de l'amour, on pouvait être dénoncé, arrêté, traduit devant le

---

1. Wallon, *Histoire du Tribunal révolutionnaire de Paris*, tome II.

Tribunal révolutionnaire, et, dès lors, c'était la mort certaine.

Les lettres reproduites dans ce volume sont précisement les seules pièces à conviction qui aient servi de motifs à l'arrêt de mort dont l'exécution se faisait sur la place de la Révolution, le 10 frimaire an II.

Il nous a paru intéressant de publier ces lettres qui font partie des pièces saisies au château de Marolles après l'arrestation de ses habitants, sur la dénonciation du maire de Coulommiers, Le Roy de Montflobert, dit Dix-Août. La copie signifiée aux parties en a été conservée dans les papiers de famille, avec le réquisitoire de Fouquier-Tinville et l'arrêt du Tribunal révolutionnaire, tandis que les originaux se trouvent aux Archives nationales, où il nous a été possible d'en faire la collation exacte.

Peut-être trouvera-t-on dans cette correspondance des détails personnels, des expressions d'idées d'une portée restreinte, comme il s'en rencontre dans une causerie échangée entre une mère et son fils, entre frères, entre amis. Mais ces détails d'apparence insignifiante font revivre les personnes et les temps d'une vie réelle; il semble qu'on entende parler et qu'on voie se mouvoir ces êtres disparus au milieu des plus épouvantables catastrophes. Les circonstances de caractère local se généralisent; à certains instants, on se prend à faire un retour sur soi-même, et à se demander si telle page qu'on écrit, si telle phrase qu'on formule, si telle pensée secrète que l'on confie au papier ne se transformera pas un jour en une pièce accusatrice.

Une pareille préoccupation peut paraître exagérée, et le retour de semblables événements jugé invraisemblable. Et pourtant sommes-nous assurés de notre lendemain? Lisez ces quelques lettres. Sans doute vous y rencontrerez les marques d'une certaine inquiétude éveillée par

divers symptômes alarmants, comme il nous
arrive d'en observer dans les faits contemporains. Mais les circonstances de la vie quotidienne tiennent la plus grande place au milieu
des épanchements intimes; les projets d'avenir,
les questions de santé se mêlent au récit des
faits les plus simples, sans que le moindre fré-
missement fasse trembler cette main qui, dans
quelques mois à peine, se tendra suppliante vers
le bourreau.

Dans la *Gazette nationale* datée du 10 brumaire an II, jour de l'exécution des neuf condamnés, on lit ce commentaire d'une pièce jouée
sur le *Théâtre de la République* :

La pièce a été très applaudie et a beaucoup fait rire.
Grandmesnil et Michot jouent supérieurement les deux
vieillards. Dugazon est très comique dans le rôle du gascon;
le public a fait répéter une tirade dans laquelle, pour rac-
commoder les deux vieillards, il leur représente que le
droit d'aînesse, sujet de leurs querelles, ne vaut pas aujourd'hui qu'on y fasse attention; et d'ailleurs, ouvrez, leur
dit-il, l'*Ancien Testament* :

Vous verrez que ce droit est bien moins que vétilles ;
Esaü le vendit pour un plat de lentilles.

Le même jour, on donnait la comédie dans quinze autres théâtres.

Le spectacle du soir reposait le peuple des spectacles du matin. On allait applaudir les comédiens de la République, tandis que des flots de sang rougissaient les ruisseaux de la rue.

De pareils faits, peut-on dire, sont exceptionnels dans l'histoire, et déjà bien éloignés de notre temps ; les passions révolutionnaires ont pris un autre cours, et les mœurs se sont adoucies. Peut-être ne faudrait-il pas professer une confiance trop absolue dans l'apaisement des passions. Le tiers d'un siècle n'est pas encore écoulé depuis que le clergé, la magistrature et l'armée fournissaient des otages aux fureurs populaires ; sans remonter si loin en arrière, nous avons vu des tribunaux d'exception pratiquer des perquisitions, des violations de domicile, des séquestrations injustifiées.

La peine de mort est supprimée en matière politique, mais ni l'emprisonnement, ni l'exil, ni le bannissement, ni la confiscation ne semblent en voie de disparaître de nos mœurs, et la liberté individuelle subit des attentats dont il est facile de désigner les victimes.

Tandis que les affaires suivent leur cours normal, que les institutions sociales fonctionnent, que les foules se pressent dans les lieux de plaisir, dans les églises, dans les gares de chemins de fer, chaque jour nous apprenons par les feuilles publiques, quelques exploits de municipalités provinciales dignes du temps des sans-culottes. Il s'en faut d'un rien que la digue qui retient encore la poussée socialiste ne se rompe et ne livre passage au torrent.

Les noms changent, les formes varient, mais l'esprit révolulionnaire se manifeste tantôt par des actes violents, tantôt par des mesures arbitraires dissimulées sous le couvert de la légalité.

La France a ce caractère particulier d'être à la fois la nation la plus frondeuse et la plus soumise au prestige de la loi.

Dans les livres, dans les journaux, au théâtre, tout le succès est acquis à la critique du pouvoir; dans la pratique ordinaire de la vie, chacun n'a d'égards que pour les représentants de l'autorité. Tel qui se donne des allures de bel esprit en affichant un profond scepticisme en matière religieuse, s'inclinera devant les injonctions d'un arrêté ministériel quelconque. Cette affectation de respect pour la loi se manifeste, pendant la Terreur, sous un aspect étrange et sinistre.

En parcourant les procès-verbaux du Comité de Surveillance établi en 1793 à Coulommiers, nous avons rencontré un document qui montre où peut conduire l'abus de la légalité. Les Comités de Surveillance étaient formés dans les

petits centres de province par ordre du Comité
de Salut public de Paris, et se considéraient
comme investis d'une mission de haute police
à l'égard des personnes suspectes de complots
et d'attentats contre la souveraineté nationale.
Ils étaient composés des citoyens qui se faisaient
le plus remarquer par leur zèle révolutionnaire.
On va voir à quel point ces citoyens prenaient
au sérieux leurs fonctions.

COMITÉ DE SURVEILLANCE DE COULOMMIERS DU 10 OCTOBRE 1793

Ouverture des lettres des personnes suspectes

Un membre dit que la loi du 9 mai dernier oblige
la municipalité de commettre deux de ses membres
pour arrêter à la poste les lettres des personnes suspectes; que le Comité révolutionnaire établi en cette
ville avait, depuis quelque temps, rempli ce devoir; qu'il
se croit fondé à le faire d'après une lettre du citoyen
Dubouchet, représentant du peuple, datée du 6 octobre
présent, mais dont les membres ont promis de fournir
copie à la municipalité avec certificat de conformité à
l'original en leurs mains; que d'ailleurs il y avait deux

jours au plus que la municipalité était instruite de ladite loi qu'elle ne connaissait pas, et qui lui a été communiquée par la direction de la poste.

Sur ce, la matière mise en délibération, ouï l'officier
faisant fonction de procureur de la commune, a été dit
qu'il convenait satisfaire la loi, qu'il importait peu par
qui la visite des lettres fût faite, qu'on était persuadé
que les législateurs ne trouveraient pas mauvais que la
municipalité déférât aux ordres de Dubouchet revêtu
de leur pouvoir; que c'était, de la part de la municipalité, donner la preuve la plus grande de la confiance
qu'elle avait dans tous les représentants du peuple;
en conséquence, que le Comité révolutionnaire serait
chargé de cette partie.

N'est-elle pas significative cette phrase : « il
convenait satisfaire à la loi »! Quel souci du
devoir professionnel ces honnêtes citoyens
mettent en œuvre pour la pratique la plus
odieuse et la plus attentatoire à la liberté individuelle, la violation du secret des lettres! Il semblerait qu'en prenant cette délibération ils aient
conscience d'exercer une magistrature, d'accomplir une mission sacrée, celle de sauver la

République, tout en donnant satisfaction à leurs rancunes personnelles.

Telle est la logique de la Révolution ; aujourd'hui, comme alors, chacun de nous, en regardant autour de soi, peut reconnaître les éléments d'un Comité de Salut public tout prêt à entrer en fonctions. L'ère des lâches délations n'est pas close. De la prison à l'échafaud, il n'y a qu'un degré à franchir, et les lois d'exception dépendent de la domination exercée par un homme sur une majorité servile.

En tête de ce volume, on a vu le portrait de Mme de Marolles alors jeune fille, dans tout l'éclat de la jeunesse, à l'âge des doux rêves et des espérances souriantes. Elle a les cheveux poudrés à blanc, épinglés de fleurs ; sa robe est ouverte à la mode du temps, et, sur la blancheur du cou se détache un mince collier de fourrure. «Regardez ce collier, nous disait-on dans notre enfance ; le peintre a, sans le savoir, dissimulé

l'endroit où passerait le couteau de la guillotine. »
Les impressions de l'enfance sont ineffaçables ;
nous avons toujours eu sous les yeux ce portrait, et toujours, dans la pénombre, se profilait
l'instrument sinistre qui, à la date fatale, ins-
crite déjà irrévocablement sur le livre de l'avenir, devait trancher cette tête charmante.

Nous avons tous, en quelque point de notre
personne, l'endroit sensible où la mort saura
frapper quand notre heure aura sonné. Lente
ou rapide, violente ou douce, elle viendra ;
l'homme sage est toujours prêt à la recevoir.

Mais nul ne sait le moment de sa venue ;
contre la violence aussi bien que contre la
maladie, chacun a le droit et le devoir de se
défendre. L'enseignement du passé est un aver-
tissement contre les menaces de l'avenir. La
question est de savoir si les honnêtes gens sont
disposés à subir encore la loi des suspects, et à
se laisser imposer une nouvelle Terreur. L'es-

prit jacobin n'est pas mort ; il se révèle sous d'autres noms et sous d'autres formes. Peut-être rencontrera-t-il quelque résistance, et le sang de nos martyrs n'aura-t-il pas été inutilement répandu.

Le martyre est à la fois réparateur et méritoire. Il a coulé assez de sang pour expier les fautes de la vieille société française, et pour féconder l'éclosion d'une société nouvelle. Et puisque, après avoir racheté l'humanité par sa mort, le Divin crucifié l'a renouvelée par sa résurrection, nous avons lieu d'espérer que la mort des victimes innocentes est un gage de relèvement pour la France chrétienne.

A Marolles, en la semaine de Pâques 1901.

Note. — En outre des lettres et des pièces extraites de nos papiers de famille, nous publions dans ce volume divers documents dont nous devons la communication à M. l'abbé Vernon, ancien vicaire à Coulommiers, aujourd'hui doyen de Rebais. En attendant qu'il fasse paraître l'ouvrage très complet qu'il prépare sur les événements accomplis dans la contrée pendant la Terreur, ce savant prêtre a bien voulu nous autoriser à mettre à profit ses laborieuses recherches, et nous lui en exprimons ici toute notre gratitude.

Les Lettres d'une Mère

I

COULOMMIERS AVANT 1789

La petite ville de Coulommiers, coquettement assise sur les rives du Grand-Morin, était habitée, à la fin du xviii° siècle, par un certain nombre de familles nobles. Le château, dans lequel la duchesse de Longueville avait jadis tenu sa cour, était demeuré un centre aristocratique. En 1789, il appartenait au marquis de Montesquiou-Fézensac, qui venait résider pendant quelques mois de l'année dans sa terre de Mauperthuis, située à une faible distance de la ville. La garnison comptait de jeunes officiers, qui n'ayant pas, comme aujourd'hui, la ressource de prendre le train pour occuper leurs loisirs à Paris, donnaient une grande animation à la ville et aux environs ; la vie passait insouciante et joyeuse, à la veille des grandes catastrophes.

La plupart de ces familles nobles s'étaient fondées par l'effet des mariages contractés entre les jeunes filles du pays et les officiers de la garnison.

En l'année 1764, la ville était occupée par un escadron du régiment de Belzunce, que commandait le vicomte de Barentin de Montchal, neveu du Garde des Sceaux de ce nom, fils du comte de Barentin de Montchal, vicomte de la Motte, brigadier des armées du roi.

Il se lia d'amitié avec un jeune seigneur du voisinage, M. Quatre-Solz de Marolles, brigadier des mousquetaires du roi, qui venait de terminer son service après la paix de Paris, triste couronnement de la guerre de Sept Ans.

A la faveur de cette intimité, des relations s'établirent entre les deux familles, et, en 1769,

M. de Marolles épousait la sœur de son ami, Mlle Charlotte de Barentin de Montchal.

M. de Marolles descendait d'une vieille famille du pays. Un de ses aïeux, Nicolas Quatre-Solz, avait été lieutenant du bailliage de Coulommiers, au temps de la Ligue, et avait maintenu la ville sous l'obéissance du roi. Le château de Montanglaust qui domine la vallée, appartenait alors aux Quatre-Solz, et ils en portaient le nom.

En 1654, l'un d'eux acheta aux Courtenay la seigneurie de Marolles, dont le nom demeura aux Quatre-Solz, tandis que Montanglaust passait par un mariage à la famille Pidoux qui le possédait encore en 1789.

Les Quatre-Solz avaient occupé, pendant le xvie et le xviie siècle, des charges au Parlement de Paris. La tradition prête à Henri IV ce mot qui est resté comme devise de la maison : « Tout mon Parlement ne vaut pas Quatre-Solz. »

Il est certain que le Béarnais avait une grande

affection pour la famille et que sa mémoire y demeura en particulière vénération. La comtesse de Vic, fille du conseiller Jean Quatre-Solz, conservait comme une relique, la chemise ensanglantée du roi. Ce précieux souvenir existait encore au moment de la Révolution. Il a sans doute été détruit comme tant d'autres.

Le dévouement des magistrats pour la personne du roi n'excluait pas une grande indépendance d'allures, et Voltaire, dans son *Histoire du Parlement*, rapporte une scène assez vive qui eut lieu en pleine audience des Chambres réunies entre le grand Condé et le conseiller François Quatre-Solz, qui est qualifié par le cardinal de Retz « le plus impétueux esprit qui fût dans le corps [1] ». Condé avait parlé avec une certaine hauteur et avait accompagné son discours d'un geste menaçant. Quatre-Solz se leva et dit que c'était là un fort vilain geste,

---

1. *Mémoires du cardinal de Retz*, I, p. 479.

dont il eût à se défaire. Alors eut lieu une scène tumultueuse, et le prince s'emporta en une violente colère. L'incident fit scandale, et il fallut que les amis du prince vinssent faire des excuses au conseiller[1].

C'est à peu près à la même époque que l'on peut placer une aventure contée par Tallemant des Réaux dans ses *Historiettes*, et dont la fille de l'auditeur des comptes, Jean Quatre-Solz de Montanglaust, est l'héroïne.

D'après l'anecdote, la jeune Renée, qui était fort jolie, aurait inspiré les sentiments les plus vifs à un gentilhomme, M. de Plénoches, favori du duc de Longueville, Henri d'Orléans, veuf alors, et non encore marié en secondes noces à la fameuse Anne-Geneviève de Bourbon[2]. La jeune fille ne paraissait pas insensible aux avances du bel offi-

---

1. Chap. LV.
2. Le fait raconté par Tallemant des Réaux peut être placé en l'année 1645. Le duc de Longueville n'a épousé Mlle de Bourbon qu'en 1642.

cier, et sa mère ne la désapprouvait pas. Mais le père ne voulait rien entendre, malgré les instances du duc de Longueville, qui allait jusqu'à garantir cinquante mille livres de dot à Plénoches.

Devant cette résistance du père, on usa de ruse, et on demanda que la jeune fille, accompagnée de sa mère, vînt passer huit jours au château, près de Mlle de Longueville qui venait d'arriver. Mme de Montanglaust fit tant qu'elle obtint la permission de son mari. Que se passa-t-il pendant ces huit jours? On ne le sait pas exactement, mais le bruit courut qu'une promesse de mariage avait été signée et déposée entre les mains du Père gardien des Capucins. Alors le frère de Renée, François Quatre-Solz, qui venait d'être reçu conseiller au Parlement (en 1637), homme énergique et brave, tenta d'enlever sa sœur[1]. Mais le duc de

---

1. C'est ce Quatre-Solz qu'on a vu relever la sortie un peu vive du grand Condé au Parlement.

Longueville, prévenu d'avance, fit fermer les portes de la ville. Cependant il jugea prudent de ne pas prolonger cette situation délicate, et, le lendemain, Quatre-Solz ramena la belle Renée à Paris. Il paraît que Plénoches fit escorte à la voiture pendant deux lieues avec cinquante hommes à cheval tirant des coups de pistolet en l'air, ce dont François n'était pas très rassuré.

Peu de temps après, Renée épousait François de Vertamont, écuyer, sieur de Chaluces, receveur général des finances en la généralité de Limoges, qui lui apportait cinq cent mille livres en mariage. On ne lui laissa rien ignorer de l'incident de Coulommiers; l'affaire fut conclue en deux jours.

Le lendemain des noces, Plénoches, en nombreuse compagnie, vint chanter pouille sous les fenêtres des nouveaux mariés, si bien que ceux-ci n'osaient pas sortir. Il fallut entrer en composition, et le maître des requêtes Miromesnil arrangea les choses moyennant quatre mille livres d'indemnité à verser au beau Plénoches. Celui-ci alors consentit à se retirer. Mais, au moment du paiement, autre difficulté. Le père Montanglaust ne voulait pas lâcher la somme, disant que cela regardait son gendre. Ce fut encore le conseiller François qui intervint, et, pour tout concilier, se fit avancer les quatre mille livres par un commis de son beau-frère Vertamont, pensant bien que celui-ci finirait par payer. Six ans après, l'affaire paraissait oubliée quand on présenta à Quatre-Solz le billet à ordre de quatre mille livres. On fut près de plaider. Mais Vertamont venait de se faire recevoir conseiller au Parlement, et comprit qu'il fallait en finir. Plénoches se déclara satisfait[1].

Jean Quatre-Solz, ruiné par les dépenses exagérées de sa femme, Catherine de la Cour, fille d'un échevin de Paris, avait vendu sa charge vers l'année 1670, et ses fils avaient pris du service.

---

1. Tallemant des Réaux, *Historiettes*, t. IX, cccii.

Quatre d'entre eux furent tués ou grièvement blessés aux batailles de Steinkerque et de Nerwinde. Depuis cette époque, les aînés suivirent la carrière des armes.

Ainsi qu'il est dit ci-dessus, Nicolas-Michel Quatre-Solz servait dans la première compagnie des mousquetaires du roi, lorsque fut déclarée la guerre qui porta le nom de guerre de Sept Ans.

Son fils, Charles-Balthazar, que nous retrouverons plus tard, a laissé des notes manuscrites, où on lit un récit assez curieux des exploits du mousquetaire.

Mon père fit, comme mousquetaire, la guerre de Sept Ans, mais de la manière la plus agréable. Sa fortune lui permettait de défrayer la dépense d'un de ses camarades qui l'avait pris dans la plus grande affection, et, voulant lui épargner les corvées les plus désagréables, se chargeait de pourvoir aux approvisionnements des hommes et des chevaux. Aussi la tente était-elle toujours dans l'abondance. Tandis que mon père s'occupait de ses livres favoris, le cher camarade lui rapportait les nouvelles de l'armée active. Devait-elle avoir un engagement avec l'ennemi, nos jeunes mousquetaires, désespérés de rester dans l'inaction, complotent de déserter le camp et de s'offrir en volontaires aux régiments qui doivent attaquer. Après s'être battus comme des lions, on revenait au camp pour y subir la légère punition que leur désobéissance avait encourue.

Il est permis de croire que les règlements militaires s'adoucissaient en faveur des mousquetaires, car ces équipées n'empêchèrent pas le jeune brigadier de conquérir l'épaulette d'officier et la croix de Saint-Louis. Mais ses goûts pour l'étude l'emportèrent sur l'amour des aventures. La mort de son père lui imposait de nouveaux devoirs, en sa qualité de seigneur de Marolles, Villiers-Templon, La Villotte, Vauremy et autres lieux, et il fixa sa résidence au château de Marolles, situé à deux lieues de la ville de Coulommiers, où il possédait un hôtel.

On a vu dans quelles circonstances fut décidé son mariage avec Mlle de Barentin de Montchal.

Les Barentin étaient une très ancienne famille originaire de Normandie. La terre de Barentin était située à quatre lieues de Rouen. A une époque dont la date n'est pas fixée, ils allèrent s'établir en Angleterre. On trouve des titres les concernant dans le *Livre noir de l'Echiquier*, au temps d'Henri II. Un seigneur Dragon ou Dreux de Barentin était gouverneur de l'île de Jersey en 1338.

C'est vers l'année 1360 que Philippe de Barentin revint se fixer en France, tandis qu'une autre branche conservait la nationalité anglaise.

En 1590, Charles de Barentin, président de la Chambre des Comptes, épousa Madeleine de Kerquifinen, dame d'Hardivilliers, et son fils releva ce nom qui était éteint. Depuis cette époque, la famille porta le nom de Barentin d'Hardivilliers.

En 1705, Jaques-Honoré de Barentin épousa Reine de Montchal, dont il eut deux fils. L'aîné,

Charles-Amable-Honoré, continua la branche des Barentin d'Hardivilliers, dont le dernier fut garde des Sceaux en 1788, chancelier de France honoraire et chancelier des ordres du Roi en 1814. C'est lui qui, le 5 mai, jour de l'ouverture des Etats généraux, prit la parole après le discours du roi, et développa, dans une longue dissertation, les droits de la Couronne et les devoirs des Etats.

Le second fils, Charles-Jean-Pierre, était chevalier de Malte, mais il obtint la permission de se marier, pour relever le nom de Montchal et le titre de vicomte de la Motte éteints en la personne de sa mère. Il est le chef de la maison de Barentin-Montchal.

De son mariage avec Mlle Bertin de Vaugien, il eut trois fils, dont nous voyons l'aîné officier à Coulommiers, et trois filles. L'une était mariée au comte de Maumigny, l'autre au marquis du Crozet. C'est la troisième, Louise-Madeleine-Charlotte, qui devint, en 1769, Mme Quatre-Solz de Marolles. Elle avait alors vingt et un ans.

La jeune châtelaine fut accueillie dans la contrée avec de grandes démonstrations de joie. Pendant longtemps ce fut une succession de fêtes, de réceptions dans la ville et les châteaux environnants. On raconte qu'au baptême de son fils Charles le cortège fut accompagné par la garnison sous les armes, musique en tête, avec une pompe inusitée. Bientôt, par son esprit et son amabilité, Mme de Marolles conquit dans le pays, l'estime et l'admiration de tous.

Les vingt années qui suivirent son mariage furent heureuses et paisibles. La famille passait la belle saison à Marolles, et venait en hiver habiter l'hôtel de Coulommiers situé sur la grande place[1].

---

1. Aujourd'hui cette maison est occupée par une hôtellerie qui s'intitule *Hôtel du Palais-Royal*.

Mme de Marolles eut quatre fils. L'un d'eux mourut enfant. Nous retrouverons les trois autres dans la suite de ce récit. C'est Charles-Nicolas, l'aîné, qui doit monter avec sa mère à l'échafaud.

Nous n'avons que peu de renseignements sur la société de Coulommiers pendant cette période. Les intéressants manuscrits laissés par M. de Maussion s'arrêtent à l'année 1769.

Cependant il existe un document curieux qui contient les noms des familles les plus importantes de la ville, au moment de la Révolution. C'est le registre des déclarations faites devant la municipalité de Coulommiers, pour l'exécution du décret du 6 octobre 1789, qui a été retrouvé par un collectionneur dans les archives d'une étude de notaire.

On sait que ce décret de l'Assemblée Nationale, sanctionné le 9 novembre suivant, avait créé un impôt sous le nom de *contribution patriotique*, ap-

plicable aux propriétaires fonciers. Cette contribution était fixée au quart du revenu déclaré, sans
qu'aucune recherche pût contrôler la déclaration.
Les ouvriers étaient exemptés, et les citoyens dont
le revenu ne dépassait pas quatre cents livres,
pouvaient contribuer librement et volontairement. L'article 16 promettait un remboursement à
effectuer « quand le crédit national permettrait
d'émettre un emprunt à quatre pour cent en
rentes perpétuelles ».

Ce relevé est intéressant en ce qu'il donne l'état
de fortune des principales familles de Coulommiers au moment de la Révolution. Voici la
liste des souscriptions les plus importantes.

	Livres.
Thomas-Joseph des Escoutes, négociant et député aux États généraux	1.600
Étienne-Alexandre des Escoutes, bourgeois de Coulommiers.	1.500
Le même, pour sa belle-sœur.	900
Du même nom.	800

Livres.

Nicolas-Claude-Louis Le Sage, receveur particulier des finances. 1.500

Gédéon-Alexandre-Pierre Quatre-Solz de la Hante, chevalier de Saint-Louis. 1.200

Angélique-François de la Guillaumye, directeur de la régie générale à Coulommiers. . 1.200

Jean-Baptiste-Aubert de Fleigny, écuyer, chevalier de l'ordre royal de Saint-Louis. . . . 1.000

Louis-Aubert de Fleigny, écuyer. 500

Marie Mondollot, veuve de Louis Josset, écuyer. 947

Étienne-Louis-Théodore Saulsay de la Boulaye, chevalier de Saint-Louis, ancien brigadier des gardes du roi. 800

Jacques-Louis Leroy des Bordes, capitaine au corps royal du génie. 750

Auguste-Pierre-Eugène de Goddes de Varennes, capitaine de chasseurs. 732

Pierre Duchesne, marchand épicier. 550

Louis-Charles Leroy de Marcheville, écuyer, ancien receveur des impositions. 500

Antoine-Nicolas-Louis Leroy de Montflobert, officier de M⁹ʳ le duc d'Orléans, avec cette

Livres.

clause que lors du remboursement, la somme
sera employée à doter une jeune fille du corps
de ville [1].   500

Jean-Alexandre Biot, chevalier de Saint-Louis.   498

Claude-François Chichard, bourgeois de Coulommiers.   420

Antoine-François Gourdé, gentilhomme servant de la reine.   400

Justin Mondollot, écuyer-chevalier de Saint-
Louis.   400

Jean Huvier, secrétaire du roi, bailly de la
châtellenie-pairie de Coulommiers, procureur syndic de l'Assemblée du département
de Rozoy (signé : Huvier-Dumée).   400

Marianne et Madeleine Pinondel.   400

Edme-Louis Bourjot, avocat au Parlement. .   400

Étienne-Thomas Ogier de Baulny, écuyer,
ancien mousquetaire.   360

---

1. C'est le même que l'on retrouvera, dans la suite de cet
ouvrage, maire de Coulommiers, juge au Tribunal révolutionnaire et dénonciateur.

2

Livres.

Jeanne-Geneviève, Anne-Nicole et Victoire-
Hippolyte-Félicité Musnier de Mauroy, de-
moiselles majeures, et Marie Le Gras de
Vauberny, veuve de M. de Mauroy, en son
nom, et pour Pierre de Mauroy, son fils. .   300

Nicolas-Jean Oudan, écuyer, lieutenant des
maréchaux de France.   300

Nicolas-Hubert Berthereau, prêtre et régent
de collège.   300

Nicolas-Louis Dehaynault, bourgeois.   230

Antoine-François-Claude Gourdé de Longprés,
gentilhomme servant de la reine.   201

Jacques-Nicolas Le Cœur, conseiller du roi,
élu à l'élection de Coulommiers.   200

Antoine-Louis de Chavigny de Moutis, écuyer,
officier du régiment de Languedoc.   200

Louis-François Gordière, ancien marchand
épicier et bourgeois de Paris.   200

Louis-Joseph-Simon Prévost, avocat au Parlement.   216

Nicolas-Louis Devert, ancien tanneur.   207

François Liégeard de Lieu-Baron, président

Livres.

en l élection, déclare que son revenu n'excède
pas quatre cents livres, mais qu'il contri-
buera aux besoins de l'État pour la somme
excédante   150

Jacques-Philippe-François Le Rahier de
l'Herbé, chevalier, garde du corps du roi,
compagnie de Villeroy.   150

Louise-Françoise-Cécile de Chavigny, fondée
de procuration de Henri-Nicolas Regner du
Tillet, ancien officier de la reine, contribution volontaire.   72

Louis-Théophile Prévôt de Saint-Fresne. . .   72

Les autres souscriptions vont toujours en dimi-
nuant jusqu'aux sommes les plus minimes.

En tenant pour exactes les déclarations figu-
rant à ce relevé, il suffit de prendre le quadruple
des sommes marquées, pour connaître le revenu
des déclarants. Ainsi les plus grosses fortunes de
la ville se chiffraient par six mille quatre cents
livres, six mille livres, quatre mille huit cents

livres, quatre mille livres de rentes, et plusieurs familles appartenant à la noblesse se présentent avec douze cents, huit cents et même quatre cents livres de rentes.

Sans doute il faut tenir compte des dissimulations possibles, bien que difficiles dans une petite ville où tout le monde se connaît. L'amour-propre l'emporte sur le désir de payer une contribution moins forte ; on ne veut pas déchoir. Ce sentiment se rencontre surtout dans l'aristocratie.

En la circonstance, il y avait en plus, un réel sentiment de patriotisme habilement exploité par les chefs du mouvement révolutionnaire. Ce mot de « contribution patriotique » dissimulait le côté fiscal de l'opération. Au-dessous de quatre cents livres de rentes, la souscription était libre. Or il s'en rencontre un grand nombre, avec des mentions telles que celles-ci :

Michel-Martial Cordier, maire de Coulommiers, librement, vingt-quatre livres, plus deux paires de boucles d'argent, l'une grande et l'autre petite, pesant quatre onces, quatre gros et demi [1].

Étienne-Simon Thomé, lieutenant de cavalerie et membre du conseil municipal de cette ville, deux cents livres, et, pour parvenir au paiement de cette somme, il commence par donner une chaîne en or et une paire de boucles d'argent.

Edme-Didier Driois, procureur au bailliage, bien que n'ayant aucun revenu, paiera trente-six livres.

Marguerite Berthereau, fille majeure, offre librement et volontairement une paire de boucles d'argent pesant quarante sols et douze sols en argent, ce qui fait en tout deux livres douze sous.

Jean-Antoine Rebours de la Brie, librement et volontairement, une petite paire de boucles et une médaille d'argent de 1573, le tout pesant une once et un gros et valant à peu près sept francs [2].

Charles-Alexandre Brodard, marchand chaudronnier,

---

1. Fut député à la Convention.
2. Son patriotisme ne le préserva pas de la guillotine, ainsi qu'on le verra plus tard.

librement et volontairement, une paire de boucles, un anneau, une clef de montre, une petite bastienne en argent, pesant près d'une once et demie et valant huit livres quinze sols.

Les plus humbles professions veulent concourir à la souscription patriotique; en voici quelques exemples :

Jean-Baptiste Guibert, voiturier, Denis-Victor Prévost, huissier, douze livres; Louis Leroy, chapelier, trois livres; Claude Lerouey, boucher, Jacques Fany, laboureur, trois livres; Rémy Charpentier, vigneron, trois livres.

Il y en a plusieurs centaines du même genre.

Il semblerait qu'il s'agit d'une souscription provoquée par une calamité publique, et on admire avec quel entrain riches et pauvres vont jeter leur obole dans le gouffre du trésor public. Du reste, les contribuables français sont une matière tellement complaisante, ils se prêtent avec tant de docilité aux fantaisies du pouvoir, que celui-ci aurait bien tort d'y mettre de la discrétion. De tout temps, même sous les meilleurs rois, le fisc a largement usé de l'empressement du public à subir ses exigences; mais il faut reconnaître que les régimes modernes ont apporté à l'art de faire produire les impôts, des perfectionnements inconnus des anciens.

L'Assemblée Nationale inaugurait vivement les nouvelles méthodes, et ce décret du 3 novembre, imposant chaque citoyen du quart de son revenu sous le nom de souscription patriotique, a une allure qui contraste nettement avec les hésitations du bon Necker sur la manière de combler un déficit bien modeste en comparaison des arriérés auxquels nous a habitués la politique moderne.

Mais, si l'idée était fortement exprimée, l'exécution était encore à l'état rudimentaire, et il y a loin de nos rôles de contributions, si exactement tenus, si scrupuleusement mis au courant de la

fortune immobilière de chacun, à ce carnet in-
forme qui s'égare pendant des années, et, après
avoir séjourné dans une armoire de cuisine, va
échouer dans les arcanes d'une étude de notaire
où le hasard le met entre les mains d'un archéo-
logue.

Cette découverte permet de reconstituer le personnel de ce qu'on appelait « la société » de l'endroit. Elle se composait d'abord de la noblesse
qui comptait une vingtaine de familles. Les Quatre-
Solz de Marolles n'y figurent pas, parce que déjà
ils s'étaient retirés dans leurs terres, comme on le
verra tout à l'heure. Parmi les premières familles,
on a pu remarquer les la Hante, les Varennes, les
Fleigny, les Baulny, les la Boulaye, les La Guillaumie, les Marcheville, les Biot, les Gourdé, les
Mauroy, les Oudan, les Chavigny, les Lieu-Baron,
les Herbé, les Saint-Fresne.

D'autres n'étaient pas réputés nobles, mais
jouissaient de privilèges attachés à certaines

charges et tenaient le milieu entre la noblesse et
la bourgeoisie, qui formait une seconde société.
Malgré quelques petites jalousies locales, le bon
accord régnait entre ces deux éléments qui se
rencontraient parfois sans se confondre.

Tout ce monde, vivant tranquille dans sa province, aimait le plaisir. La tradition en avait été
donnée par la duchesse de Longueville qui, au
siècle précédent, avait tenu sa cour au château
de Coulommiers. On se recevait dans les hôtels
particuliers de la petite ville, dans les châteaux
des alentours, à Mauperthuis, à Doue, à Montanglaust, à Montebise, à Marolles, à Lumigny, etc.

Les réunions étaient nombreuses et d'une gaieté
parfois excessive, à en juger par un recueil de
chansons grivoises dont l'auteur, M. Huvier des
Fontenelles, sortait du collège en 1775. Ce volume
manuscrit souffrirait difficilement l'impression. Il
est à croire que ces poésies, plus que légères,
avaient un succès encouragé par une morale facile.

Il est vrai que le poète a pris soin de justifier
son œuvre, en la faisant précéder d'une préface
rimée disant :

> Qu'on exige moins de décence
> Dans les propos que l'on tiendra.
> Mais dans les mœurs plus d'innocence.
> Plus on en dira,
> Moins on en fera.
> La vertu renaîtra,
> La gaîté reviendra.

Cette théorie, consistant à faire renaître la vertu
par la licence des propos, peut avoir son côté original. Cependant, en lisant ces chansons, on se
défend mal de certains soupçons sur la candeur
des chevaliers et des gentes dames qui prenaient
plaisir à de telles hardiesses.

Une de ces pièces ouvre un jour sur certains
mystères de la Franc-Maçonnerie qui ne sont pas
étrangers à la corruption des mœurs :

LES TROIS PIGEONS

POÈME

A Coulommiers, sur les bords du Morin,
Est un endroit suspect au sot vulgaire,
Où l'envieux jette un regard malin
Et que le sage aveuglément révère.
Temple secret du redouté mystère
Où le public ne voit rien qu'un jardin,
Tandis que l'œil de l'illuminé Frère,
Y voit partout briller la majesté,
Présage sûr de la Divinité

.   .   .   .

.   .   .   .

Ce réduit donc est l'asile certain
Du Dieu Bacchus qui tient là son chapitre.
Il l'aime fort, et l'aime à plus d'un titre.
Malgré l'effort de l'envie acharnée,
De ses sujets la troupe fortunée
Savoure un bien au-dessus de ses vœux.
C'est là qu'enfin les mortels sont des dieux,

Enveloppés du plus profond silence,
Souffrent parfois qu'un mortel les encense,
En s'enivrant de ce nectar comme eux.
Les Francs-maçons, c'est ainsi qu'on appelle
Les serviteurs, les ministres du dieu,
Les Francs-maçons s'assemblent en ce lieu.
Oui, cette secte encore si nouvelle
Est appelée, et pour bonnes raisons,
L'Ordre fervent des Frères Francs-maçons,
Car tous remplis de l'ardeur la plus belle,
A l'unisson, bâtissant d'une main,
Trinquent de l'autre avec un même zèle,
A la santé de tout le genre humain.

Il est certain qu'à l'époque, la Franc-Maçonnerie était une affaire de mode, un peu comme la philosophie. L'une et l'autre préparaient la Révolution, et exerçaient leur séduction sur ceux mêmes qui devaient en être les premières victimes.

M. Quatre-Solz de Marolles n'avait pas échappé aux entraînements des philosophes. Il lisait beau-

coup, et se nourrissait des doctrines des Encyclo-
pédistes. Il a laissé de nombreux manuscrits inspirés des idées du jour. Ces études sérieuses ne
l'empêchaient pas de sacrifier à la muse. Dans le
recueil de M. Huvier des Fontenelles, on trouve,
sous son nom, la pièce suivante composée en 1788
à l'occasion du mariage de sa nièce, Mlle Quatre-
Solz de la Hante avec Eugène de Goddes, marquis
de Varennes.

(La cabane de Philémon et Baucis est changée en un temple. —
Les deux époux y remplissent les fontions de Prêtre et de Prê-
tresse. — Une nouvelle race a succédé à la première ingrate envers les dieux.)

Les ingrats ne sont plus, venez race chérie
Finir dans ce séjour, le bonheur est en Dieu.
Je reconnais ta voix, ô divine Uranie,
Tu célèbres l'amour tel qu'il est dans les cieux.
Oui, par toi, Galatée et s'anime et respire ;
Les jeux de la vertu, son aimable candeur,
Et de la volupté le timide sourire
Sont encor reproduits dans son stile enchanteur

Couple heureux, des mortels vous avez le suffrage,
Rappelez-vous ce jour de pure volupté,
Où Philémon, Baucis, assis sous un ombrage
Ont rendu grâce aux dieux de la félicité.

C'est ainsi qu'on chantait, tandis que la Révolution se préparait dans l'ombre, et que déjà, au convent maçonnique de Marienbad, avait été décrétée la mort du roi.

A cette époque même, la discorde s'était introduite dans la petite société de Coulommiers. naguère si paisible, et une cause futile avait fait naître des haines dont les effets devaient être mortels.

Deux jeunes gens s'étaient pris de querelle, on ne sait pour quel motif. Un duel s'ensuivit. L'un d'eux, nommé de Mazier, fut blessé. Dès qu'il fut remis sur pieds, il voulut recommencer le combat, et se heurta devant un refus formel. Alors de Mazier entra dans un état d'exaspération indicible. Il se porta à des actes de violence sur son adversaire, et ne cessa de le poursuivre de ses injures. Il manifesta une telle incohérence dans ses agissements et ses discours, qu'on le jugea fou, et qu'il parut prudent de l'enfermer. M. Quatre-Solz de Marolles s'adressa au cousin germain de sa femme, François de Barentin d'Hardivilliers, qui venait d'être nommé Garde des Sceaux, et obtint une lettre de cachet. De Mazier fut enlevé et interné au fort de Ham. A partir de ce moment, la ville fut partagée en deux camps ; on en vint aux gros mots ; les querelles se terminaient souvent par des rixes ; les relations devinrent impossibles entre la noblesse et la bourgeoisie. M. et Mme de Marolles prirent le parti de se retirer dans leurs terres et cessèrent d'habiter Coulommiers.

Un des plus exaltés parmi les ennemis de la noblesse était le sieur Le Roy de Montflobert, qui profita des circonstances pour se faire une popularité. L'occasion était favorable, au moment où éclatait la Révolution.

Ce Montflobert offre le type accompli de ces petits Jacobins de province qui exercèrent une véritable tyrannie dans leur pays, en s'appuyant sur l'envie et sur la peur, jusqu'au jour où ils tombèrent à leur tour, victimes de leurs propres excès.

Il n'est pas inutile de s'arrêter quelque temps sur ce personnage, à cause du rôle important qu'il doit tenir dans la suite.

II

LE CITOYEN LE ROY DE MONTFLOBERT

LE CITOYEN LE ROY DE MONTFLOBERT[1]

La famille Le Roy était une des plus anciennes familles de Coulommiers. Dès 1387, on trouve de ses membres tabellions et gardes du scel de la prévôté. Ils ont occupé toutes les charges municipales. On rencontre sous ce nom un procureur fis-

1. Voici l'acte de baptême du personnage, tel qu'il figure dans les archives conservées à la Mairie de Coulommiers :

Ce jourd'hui vingt-troisième jour de mars mil sept cent quarante-trois, *Pierre-Nicolas-Louis*, né du vingt et un du présent mois, du légitime mariage de Pierre-Jacques Le Roy, veneur de Monseigneur le duc d'Orléans, et de Jeanne-Elisabeth Lefort, a été baptisé par moi prêtre vicaire soussigné. Son parrain Nicolas Lefort, écuyer, gentilhomme servant de feu Mme la duchesse d'Orléans, de cette paroisse, la marraine Henriette-Louise Lefort épouse de maître Jacques Le Roy, président de l'élection de cette ville, y demeurant.

Ainsi signés au registre : LEFORT,
Henriette-Louise LEFORT, VARLET, vicaire.

cal, trois présidents de l'élection, les seigneurs des fiefs de la Forte-Maison, du Mée, de Voisins, de la Garenne du Fresne, du Puis, de Noëcourtes, du Breuil, de Villiers, de Rouville, des Sautereaux. Cependant ils n'avaient pas la noblesse.

« Une seule chose me surprend, dit M. Hébert dans ses *Mémoires*, c'est que, vu cette ancienneté, ce grand nombre de branches et de familles et leurs richesses, aucune n'ait été anoblie, et qu'elles soient toutes restées constamment dans la condition de leurs pères. Cela marque ou une grande modération, ou un grand attachement pour le bien, aucun d'eux n'ayant voulu transmettre cet avantage à sa postérité par l'achat d'une charge qui la lui eût procurée. »

D'après ce qui précède, on voit que c'est à tort que M. Wallon, dans son *Histoire du Tribunal révolutionnaire*, qualifie Le Roy, *Marquis de Montflobert*. Aurait-il pris ce titre en quelque circonstance particulière, hors de Coulommiers, ce n'est pas impossible, mais il était trop connu dans sa ville natale pour se permettre officiellement une telle usurpation. Le nom de Montflobert paraît justifié par l'usage, mais le titre de marquis ne figure dans aucun document local [1].

Il résulte même des notes de Charles-Balthazar Quatre-Solz, que Montflobert faisait partie de la seconde société de Coulommiers. Cela tenait peut-être à ses opinions avancées et à ses attaches avec la maison d'Orléans, qui le rendaient peu agréable à la noblesse royaliste.

Contrefait et d'humeur maussade, dévoré d'orgueil et d'ambition, mécontent de sa situation inférieure, il avait au cœur la double rage d'un déclassé et d'un grotesque, et nourrissait en son âme de secrètes rancunes.

De toutes les personnes de la ville, celle qu'il haïssait le plus profondément était Mme de Marolles. Sa nature basse et envieuse s'irritait devant cette grande dame aussi hautaine envers les intrigants qu'accessible et douce aux petites gens.

Il avait essayé de conquérir ses bonnes grâces, pour pénétrer dans le milieu d'élite où elle tenait une primauté incontestée. Mais, comme tous les êtres infatués d'orgueil, au lieu de se faire accepter en se tenant modestement à sa place, il avait voulu s'imposer par son importance, et s'était heurté devant cette politesse glaciale et correcte qui est le secret des femmes de race.

Quelques mots avaient suffi. Montflobert, assez intelligent pour comprendre qu'il perdait son temps et sa peine de ce côté, était rentré dans le rang, et attendait l'heure de la vengeance.

L'affaire de Mazier lui fournit l'occasion d'exercer son activité malfaisante, et de se pousser en avant. Il sut habilement exploiter les rivalités de classes et entretenir la discorde. Les événements politiques étaient favorables à ses desseins, il se jeta avec ardeur dans le mouvement révolutionnaire.

Avant tout, il fallait conquérir le pouvoir. Les débuts furent modestes. Il siégeait au Conseil général de la Commune (c'était alors le nom du Conseil municipal), dont la majorité avait encore, en 1789 et au commencement de 1790, des allures modérées, et même quelque peu aristocratiques. Il réussit peu à peu à détruire cette influence, et à y substituer celle de ses partisans. Il devint l'homme de la situation, si bien que, le 21 novembre 1790, le maire, M. Cordier, ayant donné sa démission pour accepter les fonctions de juge de paix, Le Roy de Montflobert fut élu à sa place.

Le procès-verbal de son installation rapporte que l'élection eut lieu en l'église Sainte-Foi, après la messe de huit heures, et que l'assemblée électorale et la municipalité, escortées de la garde nationale, se sont de là rendues à l'église paroissiale, où ont été chantés en actions de grâces un *Te Deum* et un *Domine salvam fac gentem*, accompagnés de décharges de boîtes d'artillerie.

Cette époque offre un singulier mélange de pratiques religieuses et d'entreprises révolutionnaires. Il restait dans le pays un fonds solide de foi, ainsi qu'en témoignent les soulèvements que provoquèrent plus tard les attentats commis en 1793 contre les objets du culte.

L'église Sainte-Foi était affectée aux réunions publiques, aux assemblées communales. Cependant on y disait la messe et on y célébrait des cérémonies religieuses. Le curé, M. Le Bas, et ses vicaires étaient assermentés, et ouvertement ralliés au nouveau régime, ce qui ne les empêcha pas d'avoir la tête coupée, comme on le verra plus tard.

On trouve, à la date du 30 novembre 1790, un procès-verbal très curieux de la cérémonie célébrée pour la bénédiction du nouveau drapeau de la garde nationale. Ce fut un événement solennel.

Dès la veille, la garde nationale de Meaux

était venue rehausser de sa présence la pompe de la fête. On l'avait reçue au son du canon et des cloches.

Le dimanche, 18 novembre, la *générale* est battue à sept heures, *l'assemblée* à neuf heures, et le *rappel* aussitôt ; les drapeaux sont portés processionnellement à l'église. M. le Maire est en tête du cortège, escorté de deux sergents de ville : la municipalité s'avance entourée de la troupe ; la maréchaussée ferme la marche. L'office commence par le *Veni Creator*, suivi de la messe. Après l'évangile, M. le Curé prononce un discours, puis procède à la bénédiction des drapeaux et le serment est prononcé par un officier supérieur en ces termes :

« Citoyens soldats, nous jurons sur nos drapeaux de ne les jamais abandonner, de défendre la constitution et notre liberté jusqu'à la dernière goutte de notre sang, et de combattre les ennemis de la patrie jusqu'à extinction. »

Tous les gardes nationaux, levant la main, répondent : *Je le jure*. Salves d'artillerie, roulement de tambours. Le procureur de la commune requiert acte du dépôt des autres drapeaux.

Alors, M. le Maire *monte en chaire*, pour être mieux entendu, et déclame un discours dont on a précieusement conservé le texte et qui débute ainsi :

« La cérémonie qui vous rassemble, mes chers concitoyens, présente des idées imposantes : l'empire renouvelé, les abus anéantis, les chaînes brisées, et les débris de notre esclavage relégués aux voûtes de nos temples. Les sentiments de la liberté nous étaient même inconnus. Cependant ce sentiment est si fait pour nous, que je me rappelle avec plaisir l'enthousiasme avec lequel vous avez adopté cet emblème : Je veille pour la liberté ! »

. . . .

Cela continue longuement sur ce ton emphatique qui caractérise l'éloquence de l'époque.

L'orateur, interpellant les gardes nationaux de
Meaux, termine ainsi sa harangue :

« Et vous, généreux frères, qui accourez vous
mêler parmi nous; vous qui retracez l'exemple
de ces fédérations majestueuses qui impriment
l'effroi dans le cœur des ennemis du bien public,
et raniment l'espoir du Français patriote, recevez
nos félicitations et l'assurance de la plus inviolable amitié. Jurons d'être toujours amis; que le
pacte d'alliance des citoyens de Meaux et de Coulommiers passe à notre postérité la plus reculée,
et qu'il constate qu'à la face du Dieu vivant, nous
renouvelons cet auguste serment d'être fidèles à
la Nation, à la Loi et au Roi. »

Le procès-verbal constate que « contre l'usage,
et pour la première fois, il y eut des applaudissements plusieurs fois répétés, ce qui obligea M. le
Maire de rester quelque temps de plus dans la
chaire, pour marquer sa reconnaissance à nos concitoyens, de leur patriotisme ».

Puis la messe continue avec le *Domine salvam fac gentem* et le *Te Deum*, chantés en musique. De là, on va déposer les drapeaux à la Mairie. Dans la journée, banquet avec toasts, le soir, bal, illuminations.

Le lendemain encore, festins, harangues, conduite faite à la garde nationale de Meaux, et enfin procès-verbal solennel de cette inoubliable journée. »

N'est-ce pas un spectacle inoubliable, en effet, que ce maire Jacobin, montant en chaire après le curé assermenté, pour protester à la face du Dieu vivant, de sa fidélité à la nation, à la loi et au roi !

Car le nouveau chef de la municipalité était un membre assidu du Club des Jacobins, quand ses loisirs lui permettaient de faire le voyage de Paris. C'est là qu'il s'était formé au beau langage, et avait étudié l'art de manier les foules, au mieux de ses ambitions personnelles.

On a conservé d'autres échantillons de l'éloquence de Le Roy de Montflobert, entre autres le discours qu'il prononça en l'honneur de Mirabeau, à l'occasion du service funèbre célébré à Coulommiers par les soins de la municipalité, le jeudi, 14 avril 1791, véritable monument de phraséologie prétentieuse et boursouflée. Il ne le dit pas, mais on devine qu'il a le sentiment d'être le Mirabeau de Coulommiers[1].

Un maire si éloquent et dont on savait les succès au Club des Jacobins de Paris, devait être le prophète de sa ville. Le 28 novembre, nous le voyons encore montant dans la chaire de l'église de Sainte-Foi pour faire appel « à ceux qui n'avaient pas encore embrassé les principes de 89 ».

Le 28 janvier 1791, il reçoit en grande pompe le serment constitutionnel du clergé de la paroisse, et se fait l'interprète de « la joie que ressent le

---

1. Voir aux Annexes.

Conseil général, du zèle avec lequel le pasteur et les prêtres de cette ville viennent de prêter le serment civique, en témoignage de quoi il les invite sur l'heure à chanter le *Te Deum*. »

Mais les choses ne tardent pas à se gâter. Trois mois plus tard, un citoyen conçoit l'ingénieuse pensée d'établir entre les enfants qui fréquentent le catéchisme, un concours pour la récitation de la *Déclaration des Droits de l'homme*. Cette proposition n'obtient pas l'assentiment du curé Le Bas, tout assermenté qu'il soit, et, à la fin de la cérémonie, au moment où M. le Maire se prépare, suivant sa coutume, à monter en chaire pour prononcer un discours, le curé fait ouvrir les portes de l'église, le public s'en va, et le maire se trouve devant les bancs vides.

Dans une autre circonstance, le conflit s'accentue. La municipalité avait décrété de faire l'inventaire des biens meubles et immeubles de l'hôpital de la Charité. Le curé refuse d'assister à cet inventaire.

Le Conseil se pourvoit devant le tribunal de district qui donne tort à la municipalité. Le maire fait appel devant le tribunal du degré supérieur qui siégeait à Château-Thierry; l'affaire traîne en longueur, et l'inventaire ne se fait pas.

De telles résistances étaient intolérables pour le caractère emporté de Montflobert. Mais il était obligé de se contenir, parce qu'il ne se sentait pas encore assez soutenu par son Conseil et par le pouvoir central.

Il patientait donc, et travaillait à se débarrasser des éléments d'opposition qu'il rencontrait autour de lui, ne doutant pas que la marche progressive de la Révolution ne lui donnât bientôt le moyen de briser les obstacles et d'exercer son despotisme. D'avance, il marquait ses victimes. Les premières devaient être la grande dame qui avait humilié son orgueil, et le prêtre qui avait résisté à sa manie de parler du haut de la chaire.

L'événement n'allait que trop justifier son attente, et lui permettre de multiplier le nombre de ses actes de vengeance, aux jours sombres de la Terreur, jusqu'au moment où devait sonner pour lui l'heure de l'expiation suprême.

III

LES LETTRES D'UNE MÈRE

AVANT LE DÉPART DU HAVRE

4

III

LES LETTRES D'UNE MÈRE

PREMIÈRE SÉRIE

AVANT LE DÉPART DU HAVRE

On juge mal de l'impression produite par les événements politiques sur les contemporains, en les regardant à distance. Du 5 mai au 17 juin 1789, de la première séance des États généraux à la déclaration constitutive de l'Assemblée nationale, s'était accomplie la plus profonde transformation politique de notre histoire, sans que personne sans doute ne mesurât toute la portée du fait accompli.

Le 13 juin au soir, le Garde des Sceaux, M. de

Barentin, rencontra au château, le doyen de l'Assemblée, M. Bailly. C'était le jour où trois curés de la sénéchaussée du Poitou, les premiers de l'ordre du clergé, répondirent à l'appel du tiers, et vinrent prendre place sur les bancs de la grande salle des séances. « Je vous fais compliment, dit M. de Barentin à M. Bailly, sur la conquête importante que vous venez de faire. — Monsieur, répondit le doyen, vous la trouvez petite, cette conquête, mais je vous annonce et, vous vous en souviendrez, qu'elle sera suivie de beaucoup d'autres. » Quinze jours après, le 27 juin, le cardinal de la Rochefoucauld, doyen du clergé, et le duc de Luxembourg, président de la noblesse, entraient en séance suivis de leurs collègues, aux cris de : « Vive le roi! »

En province, dans les campagnes surtout où les journaux pénétraient à peine, toutes ces circonstances passaient inaperçues; la vie locale suivait son cours, chacun vaquait à ses occupations habituelles sans s'inquiéter outre mesure des événements qui s'accomplissaient à Paris et à Versailles, surtout sans soupçonner que, trois années plus tard, la terreur régnerait dans ces paisibles contrées.

M. de Marolles, bien que vivant retiré dans son château, n'était pas resté inactif. Loin de suivre l'exemple de beaucoup de gentilshommes qui refusaient de se mêler aux affaires publiques en haine du régime nouveau et dans la prévision d'un revirement prochain, il croyait de son devoir de s'employer pour le bien public.

Après avoir pris part aux élections des États généraux, et à la rédaction du cahier de la noblesse, il était revenu vivre près de ses chers paysans de Marolles, entouré de sa femme et de ses enfants, au milieu de ses livres.

Maire de sa commune, il se tenait à la portée de tous, et s'était fait une réputation de bonté dont les anciens du pays ont encore conservé la tradition.

Parmi les personnes du voisinage que l'on voyait souvent venir à Marolles, se trouvaient deux prêtres, dont le nom reparaîtra souvent dans la suite, M. Leuillot, curé, prieur de Saint-Remy-de-la-Vanne, et M. Cagnyé, curé de Saint-Mars, paroisse voisine de La Ferté-Gaucher.

M. et Mme de Marolles avaient en eux une grande confiance. M. Leuillot les aidait dans la gestion de leurs biens. M. Cagnyé, prêtre intelligent et instruit, donnait des leçons de latin et d'histoire aux garçons. La lettre suivante comprise, on ne sait pourquoi, parmi les pièces à conviction, montre les relations de respectueuse familiarité qui existaient entre les châtelains et le curé de Saint-Mars.

A Coulommiers, ce 5 janvier 1791.

Vous m'avez fait trouver, Monsieur, le seul désavantage que j'ai eu à avoir la petite vérole, puisqu'elle est cause que j'ai été privée d'avoir l'honneur de vous posséder à Marolles. Je sais que vous la craignez beau-

coup, mais peut-être seriez-vous revenu de ce préjugé,
si vous nous aviez vus quatre attaqués de cette jolie
petite maladie, la manière dont elle nous a traités est
vraiment attrayante. Je me trouve si heureuse de
l'avoir eue, que je la désire de même nature à toutes les
personnes à qui je m'intéresse. J'en éprouve une satisfaction, un bien-être que l'on ne peut rendre que lorsqu'on l'a éprouvé. Je vais tête levée dans les rues montrer
à tout le monde mon joli masque couleur de rose. Je suis
toute fière, même lorsque j'entends dire autour de moi :
« Tiens, regarde-la donc, elle a eu la vérole. » J'en ris !
Eh ! n'est-on pas heureux d'en trouver l'occasion. Mes
enfants se portent aussi bien que moi, le gros Balthazar
en conservera seul de légers souvenirs ; ayant été pris
à l'improviste, il n'a pas eu le temps de se préparer,
de sorte que ses grosses joues seront gravées ; elle n'a
pas trouvé autant d'avantage sur Stanislas, il n'y paraît
déjà plus. Encore moins sur M. de Marolles, qui, à la
suite des bains de petit lait, a été traité en jolie demoiselle. Aussi est-il le seul qui ait conservé ses cheveux.
Nous avons tous des appétits à faire plaisir ; c'est
assez mal rencontré dans ce moment. Nous n'en pro-
fitons pas moins, en attendant les événements. Comme

après avoir mangé il faut boire, vous savez à qui nous portons la santé. Monsieur, c'est avec reconnaissance que nous vous la devons, et que nous recevons ce gage de votre souvenir et de votre amitié. Elle flattera toujours des cœurs qui vous sont et seront toujours parfaitement attachés ; nul décret ne révoquera la sanction que nous en renouvelons chaque année. Daignez Monsieur, en être persuadé, et me croire avec respect votre très humble et très obéissante servante.

BARENTIN DE MAROLLES.

Permettez que je vous prie, Monsieur, de faire agréer mes tendres compliments à Mlle Champagne. M. de Marolles et mes enfants ont l'honneur de vous offrir leurs hommages respectueux.

Cette lettre est datée de Coulommiers. M. de Marolles était venu s'y réinstaller pour l'hiver avec sa famille. Cette résidence lui rendant plus facile l'exercice de ses fonctions de président du Conseil de district.

Le district, qui correspondait à l'arrondissement

actuel, était administré par un Directoire assisté d'un Conseil, formant en tout douze membres. Ce Conseil statuait sur toutes les questions administratives intéressant la circonscription. Il entendait à sa session annuelle qui durait un mois, le compte de gestion du Directoire; il répartissait les contributions directes, et en surveillait l'emploi; ses attributions étaient plus étendues que celles des Conseils d'arrondissement de nos jours.

Lors de la formation des districts, une rivalité s'était établie entre Coulommiers et Rozoy. Cette dernière bourgade, bien que d'une importance moindre, l'avait emporté, et avait été désignée comme chef-lieu. Pour offrir une compensation à Coulommiers, on lui avait donné le tribunal de district.

Le président du Conseil de district était obligé de se transporter souvent, d'une résidence à l'autre.

M. de Marolles remplit ses fonctions, avec une

sagesse et une activité, qui augmentaient sa notoriété dans le pays. Aussi, lorsque l'Assemblée constituante eut décrété la nomination de l'Assemblée législative qui devait lui succéder, M. de Marolles fut élu député à une grande majorité. Le peuple lui fit une ovation, et le reconduisit en triomphe à son hôtel. Il partit peu après pour Paris, et vint, dans les premiers jours de septembre 1791, s'installer avec sa femme et ses deux plus jeunes fils, dans un appartement situé au n° 34 de la rue de Verneuil, au coin de la rue de Beaune.

C'est le 2 octobre 1791, que M. de Marolles fut admis à l'Assemblée législative; il prêta serment le surlendemain, et, le 28 du même mois, fut nommé membre du Comité d'instruction publique.

Une nouvelle vie commençait pour Mme de Marolles. Les préparatifs du départ, l'installation à Paris avaient coïncidé avec une douloureuse

épreuve. Son fils aîné lui était enlevé par le service militaire.

Charles-Nicolas Quatre-Solz de Marolles, âgé de
vingt et un ans, avait reçu, au mois d'avril, son
brevet d'officier, mais il n'était pas encore incorporé. On imposait alors aux officiers une nouvelle
formule de serment. Plusieurs avaient refusé de
le prêter, et avaient rejoint le marquis de Bouillé
en émigration. Charles-Nicolas hésitait. Quelques-
uns de ses amis étaient partis, et l'avaient engagé
à les suivre.

La trace de cette perplexité se trouve dans la
lettre suivante qu'il adressait à M. l'abbé Cagnyé,
curé de Saint-Mars, lettre qui lui sera reprochée
plus tard comme entachée d'incivisme.

Charles-Nicolas Quatre-Solz de Marolles à M. Cagnyé,
curé de Saint-Mars, près La Ferté-Gaucher

Ce 6 juillet 1791.

Ah, Monsieur, que de choses se sont passées depuis

le moment où j'ai eu l'honneur de vous voir! On ne pourra pas nier pour cette fois, que notre roi ne soit bien en prison [1]. La nation française qui, jusqu'à ce moment, avait toujours aimé son roi, s'est montrée bien contraire à ce qu'elle était autrefois. Il a été reçu à Paris comme un homme dont on a besoin, mais que l'on méprise. Ces messieurs de l'Assemblée se sont élevés bien haut. Gare la chute, elle sera proportionnée à leur degré d'élévation. Ils ont eu l'art de se mettre ce qu'on appelle la nation de leur côté, mais, comme le peuple change facilement, il pourra bien leur faire payer cher l'idolâtrie qu'il a eue pour eux. Quant au serment des officiers, vous avez eu la nouvelle formule; il me paraît qu'on compte le faire. Beaucoup d'officiers sont passés pour rejoindre M. le marquis de Bouillé. J'en connais qui sont partis. Voici le moment de jouer à quitte ou double. On dit que le manifeste est fait et qu'il arrivera bientôt [2]. Je vous prie de m'envoyer la recette que vous m'avez promis. Quand au livre dont

---

1. C'était après l'arrestation de Varennes.
2. Le manifeste de Pilnitz du 21 août 1791.

vous me demandez l'intitulé, je ne l'aurai que la première fois que j'irai à Coulommiers.

Je vous demande bien pardon de ne vous avoir pas écrit plutôt, mais les circonstances actuelles m'excusent. Je suis avec les sentiments que vous me connaissez, Monsieur, votre très humble et très obéissant serviteur. Mon père et ma mère me chargent de mille choses honnêtes pour vous. Je vous prie de faire bien des compliments pour moi à Mlle Champagne.

A la fin d'août, au moment où son père et sa mère quittaient Marolles, pour se fixer à Paris, Charles-Nicolas n'avait pas encore pris de décision, comme il parait dans une lettre écrite par Mme de Marolles au curé de Saint-Mars, au sujet de la vente d'un cheval.

Madame de Marolles à M. Cagnyé, curé de Saint-Mars

Du 25 août 1791.

Mon fils m'ayant dit, Monsieur, que mon cheval pouvait vous convenir, je ne conclurai certainement aucun

marché avant de savoir si votre intention est de le
prendre. C'est cela qui me fait envoyer Théodore avec
cette bonne bête, pour que vous voyiez s'il peut vous
convenir, ce que je désire, premièrement parce que je
suis sûre que vous en serez content, et puis pour le
bonheur de ce pauvre cheval, ce qui me donnera moins
de chagrin de le voir sortir de mon écurie, sachant
qu'il va dans une autre, où il sera aussi bien traité, et
moins de courses fréquentes que chez un voiturier. Je
crois que mon fils vous a dit que plusieurs personnes
nous en donnaient trois cents livres, et douze livres à
Théodore. En cas, Monsieur, que vous soyez toujours
dans les mêmes sentiments de prendre Vigoureux, ayez
s'il vous plait, la bonté de donner vos ordres à Théodore pour qu'il vous l'amène le jour que vous lui indi-
querez, car je vous demande d'aller à Coulommiers
avec, et je m'y rendrai dimanche. Tous mes paquets
sont faits, je les fais partir demain, d'abord pour Coulommiers, lundi pour Paris. Je ne tarderai pas après
pour aller rejoindre mes hommes. J'en aurai heureuse-
ment des nouvelles demain. Je suis bien impatiente de
savoir le parti que prend mon grand fils.

Je recommande à Théodore de s'informer de votre

rhume; j'espère, Monsieur, qu'il n'aura pas de suite.
Agréez, s'il vous plait, le respect de mon petit Stanislas et celui avec lequel j'ai l'honneur d'être, Monsieur,
votre très humble et très obéissante servante.

BARENTIN DE MAROLLES.

Je fais mille compliments à Mlle Champagne.

Permettez-moi, Monsieur, de vous prier de satisfaire
ma curiosité, en me mandant quels sont nos gentilshommes briards qui ont été jusqu'à Paris et non jusqu'à Coblentz comme c'était leur projet. Si rien ne
s'oppose à mes projets, je compte partir pour Paris,
jeudi prochain. Je suis si peu faite pour ce beau pays,
que j'ai peine à croire encore que les préparatifs que je
fais soient pour moi. Mon pauvre vieux Marolles est
bien mieux mon lot. J'espère et désire que mon cheval,
vous convienne, que vous ne vous fatiguiez pas la tête
pour trouver le moment de le payer, tout à votre aise,
s'il vous plait, et lorsque vous n'aurez rien de mieux à
faire. Voilà comme on agit avec ses amis.

La résolution prise par Charles-Nicolas suivit de
près cette lettre. Ses sentiments royalistes le por-

taient à suivre ses amis, qui rejoignaient l'armée de Condé: son oncle de Montchal l'y engageait vivement. Mais son père était très opposé à l'émigration qu'il considérait comme funeste aux intérêts du pays.

Sur ces entrefaites, éclatait l'insurrection des nègres de Saint-Domingue. L'Assemblée nationale décréta l'envoi de troupes pour la réprimer. Le régiment de Béarn, le même où servait autrefois M. de Montchal, était désigné pour prendre part à l'expédition. Charles-Nicolas n'hésita plus. Il obtint d'être incorporé à ce régiment, comme sous-lieutenant; quelques jours après, il faisait ses adieux à sa famille, et prenait, avec sa compagnie, la route du Havre. où devait avoir lieu l'embarquement. Au chagrin de quitter ceux qu'il aimait, se joignait un sentiment de joie de servir son pays sans risquer de combattre contre les parents et les amis qu'il avait parmi les émigrés.

C'est ici que commence cette série de lettres où

la mère laisse parler son cœur, sans soupçonner que cette causerie intime servira un jour de base à l'accusation terrible qui la conduira à la mort avec son fils. A ces lettres, nous avons joint celles qu'elle écrivit, à la même époque, à M. Leuillot, curé de Saint-Siméon, et à M. Cagnyé, curé de Saint-Mars.

Malheureusement les réponses de Charles-Nicolas n'ont pas été conservées. Sans doute elles ont échappé à la saisie pratiquée au moment de l'arrestation, car elles ne figurent pas dans les pièces de la procédure. Il n'a été retrouvé que deux lettres de lui, celle que nous avons déjà citée, et celle qu'il fit parvenir à M. Cagnyé au moment de s'embarquer.

La lettre suivante de Mme de Marolles est la première qu'elle lui adressa au Havre après la triste séparation.

*Mme de Marolles à son fils, M. de Marolles, officier
au 15e régiment en quartier au Havre*

Paris, 13 septembre 1791.

Je profite avec sensation, mon cher fils, des derniers
moments qui me restent à me sentir vivre avec vous,
sous le même ciel, pour causer avec vous. Je crains
d'être après, longtemps sans que je puisse deviner le
moment où vous recevrez de mes nouvelles et où j'aurai des vôtres. Cependant j'en aurais besoin. Ce mal
de mer me fait déjà un grand mal de cœur, sans soula-
ger celui que vous ressentirez, qui est inévitable. Par-
lez-m'en la première fois que vous m'écrirez de votre
navire, et dites-moi bien si vous y dormez, enfin comment vous vous y trouvez. Tout Coulommiers s'apprête
d'avance à vous écouter à votre retour, heureuses les
bonnes oreilles. Je vous réponds que celles de Mme de
Laboulaye seront bien attentives. Elle me dit, sur votre
compte, les choses les plus aimables ; mettant à part
l'intérêt personnel d'être privée de vous voir, elle vous
trouve heureux de faire ce voyage qui vous met absolument hors de critique, mais nous n'avons que l'aîné

à redouter, car tout le monde pense comme vos deux oncles. De temps en temps celui-ci ne comprend pas les provisions que vous faites; il a fait le même voyage, n'a eu besoin de rien. Il a tout trouvé plus cher, à la vérité; peut-être vous en fait-on trop faire dont les marchands du Havre ne sont pas fâchés; n'en profitent-ils pas pour vous rançonner? La vie est fort chère ici, mais cependant pas à proportion de Coulommiers, et même plusieurs choses moindres. Je paye, il est vrai, la viande onze sous, mais parfaite, le pain bien bon, et vis-à-vis de chez moi, j'ai tout ce qu'il me faut, ce qui est bien commode. Je mène une vie très uniforme, j'ai le bonheur de ne jamais m'ennuyer, dont je sens bien le mérite. Je me lève à sept heures; à huit heures je fais une promenade de rue; sur le midi je m'habille; je travaille jusqu'à quatre heures, nous dînons, je travaille jusqu'à sept à huit heures, que j'écris. Votre papa rentre à dix heures, et souvent nous ne nous couchons qu'à onze heures, minuit. M. Guérin vient me voir de temps en temps, ce qui me sort de ma solitude que Stanilas partage. Il étudie. Nous nous couchons et nous nous trouvons bien. Notre promenade nous divertit beaucoup. Je vais impunément avec lui en souliers, bas noirs et même jupon. Je n'oserais sûrement pas aller comme cela à Coulommiers, mais personne ici ne me reconnaîtra. Tant qu'il fera autant de boue, je garderai mon costume que je trouve économique, ne pouvant pas marcher sans me crotter. Nous avons été ce matin dans la cour du Louvre, ou j'ai acheté un [1] à Stanislas, qui fait son plaisir, et surtout de m'en donner des leçons dont je n'ai pas l'esprit de profiter. Il a deux maîtres tous les matins, qui lui donnent de l'occupation ; les lundis, mercredis, vendredis, l'écriture et les mathématiques se succèdent jusqu'à une heure. Le premier à dix-huit francs, le second vingt-quatre francs, mais au moins en a-t-on pour son argent, chaque heure est bien complète ; les trois autres jours, le matin, c'est François Anglot, je ne sais pas si vous le connaissez. Il est jeune, doux, honnête et ne perd pas son temps. Comme le petit avait envie d'apprendre le latin, il s'est offert de lui montrer, en même temps, de rester deux heures pour trente francs. Tout cela est bien cher, mais il faut profiter de la circonstance, d'autant que l'enfant a des dispositions

---

1. Mot illisible.

et apprend avec plaisir. Les leçons de l'abbé Mak,
ne sont pas en pure perte ; il a récité ce matin des
verbes, pronoms, etc., avec facilité et avec bonne
prononciation. Notre Anglais compte tirer parti de son
élève, nous nous en tiendrons là pour quelque temps.
Sa journée est bien employée ; étudiant exactement, il
n'a bien juste que l'heure de la promenade. L'Assemblée est en grands débats ces jours-ci pour les colonies.
Les Jacobins toujours dominants jettent une méfiance
dont une grande Assemblée devrait être préservée. Ils
vont encore tourner contre les émigrés, les prêtres.
On prétend ici, qu'agir ainsi est de la dignité. J'en
parle peu, car on se fâche, tout en désapprouvant le
parti Jacobin, peu s'en faut qu'on en adopte les sentiments, et toujours bien persuadé que tout ira jusqu'à
la fin, le mieux du monde. Je le désire. Depuis trois
jours on débite que le roi se rend à l'Assemblée et
cependant il est chez lui[1]. Le motif est pour annoncer
que nous allons déclarer la guerre aux électeurs. Ce

---

1. Cette lettre est datée du 13 septembre, le jour même
de l'acceptation de l'acte constitutionnel. La séance royale
eut lieu le lendemain, 14.

quartier-ci de Paris est fort tranquille, on me dit les autres de même. Le commerce ne va pas mal, mais les marchands en veulent aux émigrés, ils voudraient bien les voir de retour.

Il faut, mon cher, que vous rendiez service à M. Guérin, en écoutant sa pétition. Je devrais la transcrire ; mais, ayant les yeux un peu fatigués les soirs, j'aime autant vous l'envoyer sur ce petit papier, que je lui ai donné pour me l'exposer. Prenez de M. Haubant les renseignements qu'il pourra vous donner, dont vous me ferez un précis exact avant votre départ, si cela se peut. Et arrivé à l'île Saint-Domingue, tâchez de faire toucher cette somme à M. Guérin, nous lui devons cette reconnaissance qui le payera de toutes les attentions qu'il a pour moi. Ce motif est sûrement puissant pour vous, mon cher ami, et me donne la confiance que vous ferez tout ce qui dépendra de vous pour lui donner, d'abord des renseignements, puis tâcher de le faire payer. Je vous y engage bien fort. Mandez-moi si vous avez reçu six cents livres dans ma première du 2 au 3, puis votre paquet par M. Lombart. Dites-moi donc quelles sont vos grandes provisions, le prix de votre toile à draps, lainage, et le prix du couvert. Laguillau-

mie part demain pour Cambray, il est bien fâché de
ne pas s'embarquer. Il est venu me voir deux fois.
Quels sont les camarades que vous avez avec vous?
MM. Miremont du Péron partent-ils? restent-ils? Et
votre étui le tenez-vous? Avez-vous la ressource d'avoir
quelques livres à lire? Il me semble que cette diversion
vous sera utile. N'oubliez pas de l'encre, papier,
plumes. Amusez-vous à faire une relation par écrit de
tout ce que vous voyez. Vous y mangerez de bonnes
huîtres bien larges, pour le coup vous serez à la source,
meilleure et plus belle qu'au Havre. Votre tante de
Marolles[1] vous félicite du tabac. Son fils y va être très
bien, mais je ne pourrai pas vous y embrasser, ce que
je fais de la pensée et de tout cœur ; papa et frères vous
en font autant. Mme Chenety a retrouvé les siens. Elle
en est enchantée, ils se portent bien, mais non son
habitation qui est, dit-on, ruinée. Les voilà pour du
temps bien mal à l'aise.

N'oubliez pas de m'écrire avant de vous embarquer ;
si vous étiez pressé, donnez un mot à M. Dumont qui

---

1. Une sœur de M. de Marolles qui ne s'était pas mariée,
et appelait ses neveux, ses enfants.

l'enverrait au chevalier ou à mon adresse, que je sois sûre du moment de votre départ. Votre avancement et puis autre chose me seront une consolation.

Le départ des troupes pour Saint-Domingue avait été retardé par les discussions des Assemblées. Brissot avait essayé de justifier l'insurrection, et de modifier les dispositions du décret du 24 septembre. Mais le rapport de Tarbé avait rétabli la vérité des faits, et l'envoi des troupes avait été décidé pour rétablir l'ordre aux colonies. Dès qu'elle eut connaissance de cette décision Mme de Marolles écrivit à son fils.

Mme de Marolles à son fils

Paris, ce 9 décembre 1791.

J'espère vous trouver encore au Havre, mon cher fils, malgré votre attente de vous embarquer le 9. Votre oncle me persuade que le vent vous est contraire, et ce n'est que lorsque je le verrai au nord que je vous

croirai vous éloigner de moi. Cet éloignement, sans
doute amer pour mon cœur, me fait trouver quelques
motifs de consolation en ne vous regardant que vous
seul. Il m'est donc bien naturel de m'oublier, pour ne
m'occuper que des avantages que vous en avez retirés
par votre avancement en premier lieu, et puis, vous
êtes à votre place ; qui peut vous blâmer de rester dans
un corps qui s'est toujours bien conduit, où règne
l'union et la concorde ? Mettant de côté tous les sentiments de l'amour maternel, je suis forcée de me rendre
aux félicitations que je reçois des personnes qui connaissent votre situation, ce qui doit vous faire trouver
heureux d'allier tout à la fois, votre devoir envers votre
patrie et envers votre père. La conduite que vous avez
tenue jusqu'à présent vous attire l'estime des âmes
honnêtes. Ce sont celles-là à qui je m'en rapporte pour
applaudir au sort qui vous conduit. De Coulommiers
on est fort de ce sentiment, à Noyon, et votre oncle,
ici, de même. Il est venu dîner avec moi, Dieu sait
comme nous avons parlé de vous, mon cher enfant. Il
connaît le pays que vous allez habiter ; vous y serez
chèrement, mais aussi bien que vous pouvez le désirer ;
il ne s'agit que de s'y faire. A l'exception du linge,

vous y trouverez tout ce que vous avez besoin, même poudre, pomade qui de son temps n'étaient pas plus chères ; aussi des souliers qu'il payait quatre livres qui viennent de France, en pacotille, peut-être un peu moins bons, et dans les auberges, on vous fournit de tout. Le Havre n'est pas fâché des provisions que vous faites dont il tire son profit en vous les faisant payer plus qu'elles ne valent. Mandez-moi ce que vous aurez de payé, et qui est sans doute augmenté. Vous compte-t-on vos appointements du 1er avril ? Nommez-moi les officiers qui passent avec vous ? Vous avez pour une vingtaine de jours de traversée, à ce que m'a dit votre oncle. Ce temps vous paraîtra long, vous allez faire bien des connaissances ! Ah ! que vous en aurez long à nous dire et que vous en aurez à raconter à vos enfants, de vos vieilles guerres ! Ces longs voyages instruisent nécessairement. N'ayant pas beaucoup de choses à faire, il faut vous amuser à faire une relation de votre voyage. Avez-vous retrouvé votre étui de mathématiques ? Ne vous sera-t-il pas utile sur mer ? Je vous recommande ma montre ; ne la laissez pas en gage là-bas. La vôtre est chez l'horloger ; je l'aurai dans huit jours ; il me demande douze livres pour y mettre un cadran, puis de changer les aiguilles, ce qui m'a arrêtée ; il prétend que les mêmes ne peuvent pas aller à un cadran neuf. Si elles n'étaient pas de diamant, j'aurais encore souscrit, mais je vous attends. Je m'en tiens donc à la faire bien aller. N'oubliez pas sur toute chose de faire provision d'encre, papier, plumes, cire, cachet ; ceci m'intéresse beaucoup. A force d'attendre pour partir, la paix se cimente, dont je suis fort aise. Pour ici, je crois que l'on s'embrouille de plus en plus, et la bombe fera mal à la partie sur qui elle tombera. J'entendais dire, l'autre jour chez M. Qué... que la France ne pouvait rester dans cette situation, qu'elle se minait, et que pour décider la chose elle ferait le premier pas. Votre oncle à qui je disais cela, m'a dit, qu'il n'attendait là-bas que cela, que les puissances ne balanceraient pas à s'en mêler, puisqu'on les attaquerait. Je vous avoue que le moment m'effraye, et que pour lors je vous verrai en lieu de sûreté, et aux yeux de tout le monde, sous la sauvegarde de l'honneur. C'est bien pour lors que je me trouverai presque heureuse de vous voir séparé par la mer. Si vous partagez mes motifs de consolation, ils me seront encore plus chers. Donnez-m'en l'assurance, mon cher bon ami, j'ai besoin de vous savoir le cœur calme pour que le mien goûte la même jouissance. Ne manquez pas de me mettre une lettre à la poste, au moment où vous mettrez le pied sur le navire. S'il m'en coûte quelques larmes, je saurai que vous vous rendez à votre devoir et j'en adoucirai la source. Je vois tant de monde vous voir mieux là qu'ailleurs, surtout avec l'impossibilité où vous êtes d'en augmenter le nombre, que je deviens, à votre exemple, toute raisonnable. J'ai fait porter jeudi votre paquet de vingt-quatre chemises et six mouchoirs blancs. Le paquet a été bien emballé et adressé à M. Lombart, négociant au Havre, pour vous le remettre. Il vous arrive demain samedy. L'indécision de vous trouver au Havre, m'avait fait prendre cette précaution. Il vous l'aurait fait passer en cas que vous soyez parti, mais j'espère que vous le recevrez. Vous ne m'avez pas mandé si vous aviez trouvé six cents livres dans cette lettre du 2 que vous avez reçue le 6. Je vous l'ai écrite dès le lendemain de mon arrivée. J'ai été si excédée d'écritures, de calculs, le temps que j'ai passé depuis votre départ jusqu'au mien, qu'il ne m'a pas été possible de vous écrire. Je suis désespérée d'avoir mis votre tendresse ainsi à l'épreuve.

Depuis cette première vous avez dû en recevoir une autre du 9 et une dans votre paquet. Mandez-moi si vous l'avez reçue. Je suis presque fâchée de n'avoir pas fait faire des démarches pour que vous emmeniez votre frère [1]. Il se serait trouvé avancé tout de suite et placé, et de longtemps peut-être il ne le sera. Mais son brevet aurait-il été signé du roi? A son âge on peut encore être au collège. Il n'y perd pas son temps. Il faut bien s'en consoler, puisque nous ne pouvons faire autrement.

J'ai été mercredy matin porter votre paquet chez M. Guérin, François me conduisait à pied, c'est un peu loin. M. Guérin m'a ramenée; il m'a fait faire le double pour me promener, dont j'ai besoin, je suis retombée aux Tuilleries dont j'ai fait le tour. Hier j'ai été avec vos frères en fiacre, voir votre oncle, il n'y était pas; de là chez Mlle de Beaufort qui a l'air d'une souris prise. Elle s'ennuie beaucoup. Voilà mes deux grandes sorties et chez mon frère. Je vais un peu à pied mais pas loin. Ces jours-ci, il pleut, il neige, cela ne vaut rien pour moi; je suis d'ailleurs fidèle à

---

1. Charles-Balthazar.

ma retraite où je me trouve bien et commodément ;
c'est un bonheur. Votre papa toujours exact à son
poste : je ne sais que par les autres les vacarmes de
l'Assemblée. Elle ne se fait pas plus d'honneur. On
peut dire qu'elle va de mal en pis. Mon quartier est
fort tranquille ; nous ne nous ressentons pas des débats.
Mon frère a voulu en causer avec votre papa, mais on
ne peut aller loin. Son comité l'occupe beaucoup. Lui
seul voit déjà nos paysans travestis en philosophes, ce
n'est assurément pas à désirer. L'agriculture est la
meilleure des sciences. Allons jusqu'au bout ; votre
frère Stanislas a maître d'écriture, de mathématiques ;
il est bien content et surtout des compliments qu'il
reçoit. Il réunit toutes les facultés pour paraître savant
et il a la gloire de réussir, il joue fort bien son petit
personnage, il aura un maître d'anglais. C'est B... de
chez M. Le Conte, et il vient chez M. Baron un petit
abbé qui montre le latin à six livres par mois de trente
leçons. Comme le petit raffole du latin, je vais aussi le
prendre. Il s'ennuye ici, je l'ai envoyé promener aujourd'hui. J'en vais avoir pour mes soixante-douze livres
par mois. Voilà le seul bien que je trouve à ceci ; elle me
facilite l'éducation de vos frères, je voudrais que l'on

eût l'attention de me les laisser finir. Donnez-moi de
vos nouvelles un peu amplement, mon cher ami, et de
tout ce que je vous demande dans cette lettre. Je vous
embrasse de tout mon cœur. M. Desbordes a
conclu le marché de Fossé avec un sieur de Doue
à neuf cents livres, d'après un marché bien détaillé,
bien fait, payé en trois fois à chaque tiers. M. Pique
et M. des Ecoutes sont morts. On ne m'a pas mandé
que le cheval fût vendu.

Enfin l'ordre de départ fut donné. Charles-
Nicolas en avisa certainement sa mère, mais sa
lettre n'existe plus. Nous n'avons que la suivante
adressée à son ami le curé de Saint-Mars.

*De Charles-Nicolas Quatre-Solz de Marolles
à M. Cagnyé, curé de Saint-Mars*

Au Havre, le 12 décembre 1791.

Monsieur,

Malgré tout ce que je vous ai dit me voilà au régiment. Mon oncle m'a conseillé de rejoindre, et j'en suis

fort content. J'ai trouvé les officiers ayant une façon de penser telle que doit l'avoir un gentilhomme français. Ils ne sont restés à leurs régiments que par des ordres supérieurs, je crois que vous sentez bien d'où ils viennent. C'est aussi d'après cela qu'ils se sont déterminés à s'embarquer, car d'abord, ils se croyaient plus nécessaires en France où on aurait pu avoir besoin d'eux dans quelque temps. Je suis du bataillon qui embarque ; aussi je partirai peut-être demain. Je suis sous-lieutenant des grenadiers, vous voyez quelle peine je vais faire aux nègres, je porte sabre et pistolet. On dit que cette dernière arme est très bonne contre eux, car ils n'aiment pas les armes à feu. Nous montons des navires qui portent des noms qui ne sonnent pas très bien à nos oreilles : Ce sont : *le Citoyen de Paris*, *le Patriote* ; cependant le dernier a un assez beau nom : c'est *le Héros !* Je suis monté sur le premier, j'y suis avec l'état-major. Je vais être privé pendant longtemps du plaisir de vous voir, car je crois que nous sommes là au moins pour trois ans ; on dit le pays très beau et fort sain. Il n'y a que la traversée de pénible, mais elle ne dure que quarante jours. Je vous prie de faire bien des compliments à Mlle Champagne.

Je suis avec les sentiments que vous me connaissez votre très humble et obéissant serviteur.

DE M.

Si vous voulez bien m'écrire, vous aurez la bonté d'adresser la lettre au 6me de Béarn en garnison au Cap français à Saint-Domingue et vous affranchirez la lettre jusqu'au Havre.

Mme de Marolles à M. Leuillot,
curé-prieur de Saint-Remy-de-la-Vanne

Rue de Verneuil, faubourg Saint-Germain,
au coin de la rue de Baune, n° **34**

20 octobre 1791.

La santé de M. Tiercelin ne lui ayant pas permis de venir jusqu'ici chercher le petit paquet que vous m'avez remis pour lui, Monsieur, il m'a envoyé votre petit protégé orfèvre, à qui je l'ai remis et qui lui a été porté de suite; j'aurais désiré lui porter moi-même, mais je ne sais pas sortir dans ce pays-ci, j'y mène une vie sédentaire; d'ailleurs le temps n'est pas favorable. M. Tiercelin m'a envoyé cette quittance que je joins ici ne la croyant pas très pressée. J'ai attendu

6

M. Du Sommerard qui devait venir dans ce pays-ci et
que je vais charger de vous faire remettre cette lettre.
M. de Marolles qui avait à parler à M. Tiercelin y est
allé dîner aujourd'hui avec M. C... C'est vous dire,
Monsieur, qu'il se porte bien. Il supporte ses fatigues
avec courage et espère toujours plaider la bonne
cause. Tout le courroux universel ne l'effarouche pas ;
il croit toujours que les choses prendront une bonne
tournure et que l'on viendra à bout de mâter les fou-
gueux Cauchet, Brissot, etc... Ils perdent, dit-on, beaucoup.

Je crois avoir eu l'honneur de vous dire que mon
fils avait rejoint son régiment. Comme du 2ᵉ bataillon, il
a été nommé pour s'embarquer le 16 de ce mois, il a
mis le pied dans le navire *Citoyen de Paris*. Hélas !
Monsieur, mon pauvre fils s'éloigne bien loin de moi
et peut-être pour longtemps. La tranquillité qui règne
là-bas est faite pour me tranquilliser, si la tendresse
maternelle n'était pas soupçonneuse. En écoutant la
voix de la raison, je trouve mon fils heureux de se
soustraire par ce voyage aux préjugés du jour ; par
ce moyen il plaît aux deux côtés et fait son devoir ; il
est extrèmement content de l'esprit de son régiment,

officiers, soldats tout est du même accord. Ces derniers ont le bon esprit de se préserver de la contagion du Club. Il va paraître une adresse à ce sujet, je suis bien curieuse de la voir.

J'ai trouvé mon gros Balthazar en parfaite santé, bien content de nous voir revenir. Il est très bien à sa pension et je l'y laisse encore quelque temps. Je garde le petit qui me fait une petite compagnie. Il a maîtres de mathématiques, anglais, latin, tout cela l'occupe et l'amuse, il se porte bien. J'ai oublié, Monsieur, de vous prier de payer aussi le maçon en plâtre de Jouy, je crois Lorrain, qui a travaillé cet été à Villers et à Vaunaux. Je vous serai bien obligée de voir son mémoire ainsi que ceux du Limousin. M. Maricot qui a un peu d'argent, c'est-à-dire des billets à nous envoyer, nous propose de nous envoyer par son beau-frère qui demeure à Paris. S'il vous restait quelque chose, nos dettes payées, vous pourriez peut-être profiter de cette occasion, si vous le jugez à propos. Il faudrait pour cela que vous ayez la bonté de voir M. Maricot et de savoir la manière dont il remet les billets à son beau-frère. Comme je n'en suis pas pressée, nous pouvons attendre une occasion sûre.

Recevez, Monsieur, les hommages respectueux de M. de Marolles et de nos enfants auxquels je joins l'assurance du respectueux attachement avec lequel j'ai l'honneur d'être votre très humble et très obéissante servante.

BARENTIN DE MAROLLES.

Mille compliments, s'il vous plaît, à M. des Chassis. Votre petit protégé est venu me voir trois fois, il me paraît digne de vos bontés, est fort honnête, fera sûrement son chemin. Le Monsieur chez qui il est paraît en être fort content.

IV

LES LETTRES D'UNE MÈRE

DEUXIÈME SÉRIE

JUSQU'AU 10 AOUT

IV

LES LETTRES D'UNE MÈRE

DEUXIÈME SÉRIE

JUSQU'AU 10 AOUT

Le navire *Citoyen de Paris* est parti, emportant le jeune officier dans les lointains parages. Sa mère le suit en pensée, et veut qu'une lettre d'elle lui parvienne dans le pays où il va défendre l'honneur du drapeau français. Elle laisse courir sa plume sur le papier, et longtemps encore ses lettres partiront comme une conversation sans réponse.

Mme de Marolles à son fils à Saint-Domingue

A Paris, ce 11 janvier 1792.

Nous sommes réciproquement, mon cher fils, dans

l'attente de nos nouvelles. Heureux sera pour moi le moment qui m'en donnera des vôtres. Vous croyez bien que, malgré l'épaisseur de l'élément qui nous sépare, nous ne nous sommes quittés que de corps. Mais c'est précisément du vôtre dont il me faut parler. Je n'ai nulle inquiétude sur votre cœur, si bien d'accord avec le mien. Je sens que l'éloignement ne peut le refroidir. Les sentiments, la tendresse filiale vous sont trop chers pour ne pas avoir ceux de la maternité amplement récompensés, c'est un vrai bonheur, qui, plus constant que bien d'autres, est le seul que j'envie. J'espère, mon cher ami, que vous êtes bientôt à la fin de votre course. A-t-elle été pénible pour vous? Avez-vous eu longtemps de ces maux de cœur si incommodes? J'attends un volume de détails de ce voyage. Vous voilà marin. Je pense que vous avez pris toutes les connaissances possibles de votre navire et que vous seriez un fort bon pilote; quelles étaient vos occupations? Mme la Major vous a-t-elle dédommagé par son amabilité, par sa figure? Je crains que vous n'ayez trouvé encore bien du trouble là-bas. Les nouvelles que nous recevons, ne sont pas tranquillisantes, et je pense bien que j'ai des raisons pour ne pas

l'être moi-même et être à l'affût de tout ce qui se
débite. Il serait plus heureux que les colons blancs
voulussent accepter le concordat de bonne volonté.
Voilà, je crois, ce qui fait les difficultés. Aujourd'hui
mettez-les tous à la raison et faites-leur aimer la paix.
Pour ici il faut que nous l'achetions par la guerre.
Pourtant les sentiments sont encore partagés ici ; mais
il faut en finir, car cet état d'incertitude est tuante
pour bien du monde et ruineuse pour l'État. On court
toujours là-bas, il en revient un peu, chacun en dit la
nouvelle ; le plus sûr est qu'il s'y garde le plus grand
secret, mais on sait qu'ils ont la bonne volonté de
remettre tout en France sur le bon pied, reste à savoir
qui sera le plus fort. C'est encore avis différent. Vous
savez celui de votre papa, il est toujours le même. Il
est depuis quinze jours plus content de la majorité de
ses associés. Les f. B..... perdent. Quel bonheur s'ils
perdaient tout à fait. On peut dire que le reste y
gagnerait. Je n'ai pas encore été les entendre, toujours
fidèle à ma retraite. Je la quitte peu ; j'ai pourtant été
passer la soirée une fois chez Mme Andrée présque ma
voisine ; j'étais sûre d'y entendre parler de vous, et au
fait, partout où je vais, et les personnes que je vois, me

demandent de vos nouvelles et sont tentées de vous féliciter de votre destinée, que l'on trouve heureuse dans la crise présente, et la seule propre à concilier tous les devoirs de l'honneur et de la politique.

Ces motifs sont ma consolation et doivent être la vôtre, mon cher ami. Il est sans doute satisfaisant pour vous, de toutes manières, de ne point perdre le fruit du sacrifice que vous avez fait à votre père, de votre opinion. Puissiez-vous toujours, de plus en plus, en retirer la récompense et revenir couvert de lauriers, jouir de la tranquillité que la France va acquérir.

J'ai vu hier M. de Varennes. A l'air rêveur que je lui ai trouvé, je présume qu'il va voyager. X... mande à M. Lesage qu'il s'ennuie beaucoup. Il voulait revenir. Son père lui a mandé d'attendre au printemps, on lui envoie force argent qui n'est pas aisé à trouver. J'ai reçu le papier contenu au juste dans votre lettre; je vous en tiendrai compte. Je ne crois pas que vous ayez pu recevoir ma dernière lettre du 13 décembre. Je crains qu'elle ne soit arrivée le jour de votre départ. Quand elle vous parviendra, intéressez-vous pour M. Guérin. M. Hombert vous en aurait mieux instruit, mais je vais dire à M. Guérin de me dire à qui vous pouvez vous adresser là-bas. La somme est assez conséquente pour faire des démarches pour la ravoir, et vous savez me faire grand plaisir que de vous en occuper. Ce peut être une chose heureuse pour lui que de vous avoir dans ce pays-là ; il en a besoin, il n'est pas heureux ; à la veille d'avoir à Paris une place de receveur des impositions, dont il y en a un par section. Sûr des voix, elles lui ont manqué. Le voilà presque déchu encore de celle des administrations forestières que l'on va, dit-on, supprimer. L'autre était de toute manière préférable. M. du Sommerard qui y avait aussi des prétentions, va encore rester là. Ces places sont, dit-on, ruineuses pour la nation. Il y aurait, je crois, d'autres réformes à faire.

Vous allez prendre part à la joye de Fauvette qui se marie avec un Hurand, frère de Mme Balatre. La mère Hurand est morte, ce qui a déterminé ce mariage qui couvait depuis longtemps. Elle est encore ici, mais ne tardera pas d'aller à Coulommiers. Elle a acheté ici les habits de noce. Elle n'en est pas de plus belle humeur, elle la garde apparemment pour son mary. Il est venu avec Théodore aux fêtes de Noël, c'est là où il s'est déclaré. C'en est un qui paraît un peu âgé, pâle, blondin. On me cherche partout une cuisinière, mais pas à Paris. Je m'en défie. M. de la Boulaye m'en a proposé une de soixante ans et une de vingt et un. Cela est un peu différent. Je penchais pour les vingt et un ; mais on la dit un peu trop envolée pour moi. Vous pouvez la connaître. C'est une charbonnière qui est depuis cinq à six ans chez Boulogne de la rue du Château ; elle fait bien la cuisine et pâtisserie.

J'attends réponse de M. de la Boulaye qui a dû prendre des informations pour cette fille qu'il me faut sage avec Francis qui ne vaut pas mieux qu'un autre. Mlle Petit dit ne pas se marier avant le mois de mai. Le chevalier[1] vient me voir le dimanche. Il se porte très bien. Je lui ai donné un maître de danse qui lui fait grand plaisir. Ce maître donne des bals à ses écoliers, mais il faut que chaque écolier lui donne quatre francs par bal. Ce n'est plus si joli pour moi. M. de Mauny part jeudi pour Châlons avec M. Labey qui est venu me voir. Lui y va comme professeur pour faire l'examen. Il est presque sûr que M. de Mauny sera reçu dans le Génie. M. de Baugon n'est pas aussi sûr de

---

1. Son deuxième fils, Charles-Balthazar.

son fait pour l'artillerie, il reste ici. M. leur oncle ne
vient pas cette année, ce qui me fâche beaucoup. Il est
dans l'administration de Nantes. Depuis l'annonce que
vous lui avez faite de l'adresse de treize régiments au roi,
j'ai été à l'affût de toutes les gazettes, et ne l'ai pas vue
ni entendu parler. N'aurait-elle donc pas été favorable à
nos législateurs? Cependant, elle aurait transpiré.
J'étais entièrement curieuse de la lire ; vous saurez
peut-être les raisons qui ont empêché de l'envoyer.
Nous avons été déjeuner le premier jour de l'an chez
votre oncle, qui nous a donné des huîtres et chocolat. Il
a donné à vos frères un exemplaire de son premier ouvrage. Il travaille à une deuxième traduction plus vo-
lumineuse, avec un zèle extrême. Il y aura des gravures
et cartes. Je désire pour lui qu'il soit plus heureux dans
le débit. La Révolution n'est pas favorable à ces sortes
d'écrits, et peut-être bien du monde, comme il y a apparence, n'en font-ils pas le même cas que lui. Tous
vos parents se portent bien. On attend de Noyon pour
vous écrire que j'y envoye votre adresse que j'ai oubliée
la dernière fois. Ils étaient à Provins. M. Ligneau
vient d'être mal, il y a lieu d'espérer à présent ; mais
votre oncle est obligé d'y retourner, parce que sa pré-

sence retient un peu les gaspillages qui sont extrêmes dans cette partie. Je ne sais pas si le curé de Saint-Mars vous a écrit ; il a reçu votre lettre qu'il a lue avec l'attendrissement d'un bon ami. Son cœur est tout palpitant de vous savoir sur mer. Il aimait bien mieux vous voir à Saint-Mars. Les tailles ne sont pas encore réglées ; il se charge de faire afficher la ferme, et je l'ai prié de voir ce que l'on en peut retirer de près pour Vaumon. J'ai fait dire à Rabet de ne pas venir.

On se porte bien à Coulommiers. J'en ai souvent des nouvelles. Je vais envoyer à Mlle de la Boulaye, un *Domine salvum*. Je pense que cela lui fera plaisir. Mme Cherbelin a enfin fini. Il y a longtemps qu'elle aurait dû en venir là pour son pauvre mari. Je ne serais pas étonnée qu'il se remarie s'il trouvait ; il est encore gaillard. Je me suis donné une cafetière anglaise dont votre papa est enchanté : de sa vie il ne prit de si bon café comme petite amusette pour notre dessert. L'entrepreneur fait travailler tous les gens de bonne volonté de Marolles. Je lui ai envoyé le premier terme de trois cents francs pour le premier tiers. J'ai de forts à comptes à donner à Fauvette, à Théodore. Quand tout cela sera avancé, je me donnerai deux lampes dont j'ai

grande envie, mais il faut toujours aller au plus pressé.
Restera-t-il assez de café pour que vous puissiez nous
en faire provision d'une balle? il augmente fort ici, et
le sucre aussi. Mandez-m'en bien long et l'assurance
de votre tendresse qui me fait toujours un grand plaisir. Votre frère est très reconnaissant de votre joli res-
souvenir. Son remerciement sera pour un autre cou-
rier, ne me l'ayant pas envoyé aujourd'hui. Votre papa
veut aussi causer avec vous ; je suis bien aise de les
devancer. Adieu mon cher enfant. Avez-vous votre étuy
de mathématiques ? Est-il bien complet ? Je croyais
voir ce matin M. Guérin. Votre papa part et emporte
ma lettre.

Mme de Marolles à son fils

(Sans date.)

Tendre et fidèle ami, avec qui il eût été si doux de
s'entretenir au sortir de nos débats tumultueux ; pourquoi suis-je encore privée de recevoir de vos nouvelles ?
Celles que l'on me débite sur la situation actuelle de
l'isle augmente ma perplexité. A peine débarqué, vous
trouvez une terre aussi agitée que les flots qui l'environnent. Quoique je n'ajoute pas une foi entière aux

récits de M. Abraham, ils me laissent les plus vives inquiétudes, parce qu'en dernière analyse le sentiment n'est pas toujours aux ordres de la raison. Le décret de Saint-Domingue accorde aux hommes de couleur libres et propriétaires les droits de citoyens; comme tels, ils seront admis dans les assemblées paroissiales, représentant nos assemblées primaires et rééliront une assemblée coloniale nouvelle. Des commissaires civils défendront celle qui existe actuellement, et dresseront un procès-verbal des faits dont il est résulté tant de désordres, sur lesquels il sera décidé par le Corps législatif que des secours des troupes de ligne et gardes nationales et d'ouvriers, ainsi que d'argent, partiront avec les commissaires. Ce décret était si conforme aux lois de l'éternelle justice, qu'il a passé à la presque unanimité. En effet, ces hommes de couleur qui, d'après les relevés les plus exacts, perdent la moitié des propriétaires, ne pouvaient pas être dégradés du droit de citoyen qu'ils possédaient, même sous l'ancien régime, et leur suffrage dans les assemblées, n'est que l'exercice de leur droit. Si les colons blancs ont fait des concordats dans les habitations où les hommes de couleur étaient supérieurs en nombre, il serait très impolitique de rompre ces concordats dans le cas où les blancs les auraient fait volontairement. Il y aurait une insigne mauvaise foy à n'y être pas fidèle ; ainsi, dans tous les cas, la raison commande aux colons blancs à acquiescer à une loi sans laquelle la France serait dans une discorde continuelle et réduite à maintenir dans sa colonie une force armée toujours subsistante. Et que les hommes de couleur instruits de leurs droits, et les ayant ouvertement réclamés, ne les abandonneront jamais. D'ailleurs, il serait bien étrange que Saint-Domingue, seule, fût dominée par un préjugé d'orgueil qui n'a point arrêté dans les autres isles, où la paix s'est rétablie à la faveur du concordat. Pour moi, je crois que tous les créoles blancs, sages et modérés, verront manifestement leur intérêt dans le décret de l'Assemblée nouvelle. C'est une des faussetés attaquées à l'hôtel de Massiac que toutes nos grandes villes de commerce maudiront la révocation du premier décret du 26 mars 1790. C'était seulement la ville du Havre qui apparemment a ses rapports de commerce avec les plus riches colons blancs. Mais Nantes et Bordeaux ont désiré, ont réclamé le décret que nous venons de rendre. J'espère qu'il règne un assez bon esprit dans votre régiment pour sentir que la gloire d'un citoyen est d'être armé pour la loi, et qu'il est du devoir de tous les officiers de persuader à tous les créoles, de ramener la paix autour d'eux, en faisant même quelques sacrifices. Je parle de ceux que l'orgueil sépare des hommes de couleur. car, pour moi, je pense en sondant mon cœur, que ce rapprochement si naturel, n'est pas un sacrifice[1].

Je crois que Mme et Mlle de la Boulaye viendront me voir après Pâques, elles en ont le désir. N'est-ce pas un beau trait au mari de l'accorder...

Mme de Marolles à son fils

31 mars, de Paris, rue de Verneuil, n° 84.

Tout mon espoir était dans ce mois de mars, mon tendre ami, lequel en m'échappant ne me donne pas les nouvelles que j'attendais de vous ! Quelles sont donc les raisons qui s'y opposent ? Livrée à toutes les inquiétudes de l'absence, elles augmentent chaque jour par la suite des malheurs qui finissent de ruiner

---

1. On voit dans ces explications l'influence des impressions rapportées de l'Assemblée.

nos colonies. Votre présence n'a donc pu civiliser les habitants? Qu'espèrent-ils donc tirer d'un massacre aussi général. M. Abraham, que j'ai rencontré ce matin au bout de ma rue, m'a mis la mort au cœur, me racontant la continuation d'une insurrection si persévérante. Il m'a dit que, de concert avec tous les Américains de ce pays et un grand nombre de négocians, il partait pour aller secourir cette contrée. Mais, à leur arrivée, que résultera-t-il si le feu est partout? Je vous avoue, mon cher ami, que je suis dans une inquiétude affreuse ; je n'ai point de vos nouvelles ; il y a trois mois et quinze jours que vous êtes parti du Havre ; on m'assure que vous êtes arrivé vers le 22 janvier, le délai est bien long depuis. Si vous l'avez pu, vous avez sans doute profité de la première occasion. Je m'en rapporte à votre tendresse, elle ne m'a jamais trompée, et vous sentez trop quel prix j'y attache, dans ce moment, particulièrement. Au nom de l'amour filial, profitez de toutes les occasions ; mais je n'ai pas besoin de l'invoquer ; il est trop en vous, mon cher enfant, de savoir apprécier l'excès de la tendresse de votre mère, pour qu'il ne dépende pas de vous de lui épargner de l'inquiétude. Je ne peux donc croire que ce soit de votre

faute si je suis privée de vos nouvelles qui feraient
mon bonheur. N'importe pour quel port, il faut risquer
des lettres. On m'a dit qu'il était arrivé un navire à
Bordeaux, venant du Cap; vous n'avez donc pas **pu**
m'écrire par lui? Le vôtre qui est, dit-on, en retour,
m'en apportera-t-il? Mettez bien mon adresse; un **mot**
de votre main m'est plus précieux que tout l'or du
monde. Je vous ai écrit trois fois, le 13 décembre qui a
dû arriver le jour ou le lendemain de votre embarquement, le 10 janvier; en février et en mars, une lettre de
votre oncle de Noyon. Avez-vous reçu tout cela? et moi
point du tout.

M. Abraham vous donnera des nouvelles de ce pays
qu'il ne vous peindra pas en beau; la guerre civile
dépeuple le Midy de la France; la guerre ne tardera
pas à se déclarer du côté des puissances. Votre papa
voit pourtant toujours de même; et que malgré nos
ennemis, la Constitution ira, dit-il. Personne pourtant
n'y a foi. Nous avons l'air de n'avoir que nos troupes
nationales pour nous défendre; ils feront tout ce qu'ils
pourront, mais la cavalerie est bien puissante; et, ne
pouvant guère compter sur la nôtre, ils deviendront nos
ennemis dont le nombre est grand, car qui ne l'est pas?

Comme bien des brigands pillards s'en mêleront, je ne sais trop si Paris est plus à l'abri des malheurs que d'autres endroits. Enfin il faut croire que tout le monde ne périra pas. Le sort de l'Assemblée m'inquiète, l'exemple du jeu de paume se retracera à plus d'un qui, regardant comme déshonneur de quitter son poste, s'y laisseront assiéger. Vous savez bien qui en sortira le dernier. Eh bien, j'ai rencontré chez Mme de Bomprez le fidèle portrait, pensant absolument de même, malgré la différence d'opinion avec cette dame. Elle l'aime à la folie, au point de faire fermer sa porte quand il est chez elle, parce qu'il craint, autant que votre papa, les contradictions. Je ne lui ai pas fait peur, étant femme de son collègue, car ce M. Detré, cordon rouge, est député et est aussi tranquille sur les événements, les voyant sortir de la même source et non par faute de l'Assemblée, mais du pouvoir exécutif, qui, agissant en sens contraire, cause nos maux. Les changements de tous les ministres leur donnent espoir que cela changera : ils les ont suivant leur goût. Ce Monsieur prétend que, depuis quinze jours, la majorité de l'Assemblée se montre favorablement, et que les enragés de tous côtés baissent le caquet. Votre papa donne la préférence aux fous des Jacobins et en élaguant, comme vous croyez bien, les vrais enragés, il n'approuve pas du tout les Feuil... Il y a vraiment trois cents membres du milieu qui devienennt, dit-on, majorité. Ceux-là ne font pas grand bruit, mais sont très utiles en ce qu'ils calment la fougue des deux partys. L'amnistie d'Avignon a révolté tout le monde; l'Assemblée s'en lave les mains, en disant qu'il aurait fallu faire une boucherie affreuse, la dernière barbarie n'étant qu'une vengeance de la première pour laquelle l'Assemblée Constituante devait accorder l'amnistie. Dans celle-ci le tribunal criminel est en droit de juger les assassins et les meurtriers, le fameux coupable toujours à la tête des atrocités a le droit de prétendre à première justice; s'il échappe, c'est un malheur pour la suite.

La garde du roi est en service; votre frère aime mieux attendre les événements que d'y être inscrit. Il est toujours content de son collège, apprend les fortifications où il fait des progrès. Je lui ai donné un maître de danse qu'il a gardé quatre mois. Il a pu aller à des bals où il se présente en amateur. Il me demande un maître de musique pour jouer de la flûte; je crois qu'il finira par l'avoir. Il faut profiter de ce moment

malgré une petite infortune de trois cent soixante-
seize livres que François m'a perdues, l'ayant prié de
les remettre à M. Le Comte, malgré l'adresse bien mise.
La liberté permet de regarder dans un paquet s'il y a
du papier bon à garder. L'inviolabilité des lettres ne
s'étend pas sur les fripons. Tant il y a que l'ayant su,
j'ai été obligée de payer deux fois, et votre papa m'a
avoué avoir perdu trois cents livres dont il était tout
honteux, d'après mes avertissements. Enfin, il faut
s'en consoler, n'ayant point touché aux six mois derniers.
Payée de mon revenu, j'ai pu faire les remboursements
dont votre papa se ferait scrupule, c'est-à-dire deux
mille livres à M. Fiéchard, deux mille livres à M. Du-
moncelle. J'ai prêté autant à M. de Bessy. Voilà mes
sept mille livres de remboursement bien avancés, ayant
été obligée de les écorner. Je les reprends, j'ai les six
premiers mois de ma recette ici. Théodore est venu me
rendre compte du blé touché, tous les mémoires sont
payés, lui aussi, et Fauvette en grande partie. C'est
Gillet de Bilbarto qui a Vigoureux; il en est si content
qu'il ne le donnerait pas pour le double. Je ne suis pas
si contente de ma nouvelle cuisinière que vous avez vue
souvent apporter le pain chez M. O'Heguerty. Elle a

commencé au bout de huit jours à avoir une maladie de
trois semaines qui me coûte fort cher. Mlle Petit et moi,
l'avons veillée. Elle n'en est pas plus reconnaissante.
Mais d'ailleurs elle est détestable et croit tout savoir.
J'en cherche une autre. Mlle Petit se marie ce mois de
mai, elle me reste jusqu'à ce que j'en trouve une.
Victoire lassée de m'attendre est chez Mlle de Mauroy,
je ne puis la regretter. J'ai bien soin de votre montre.
Je vous recommande la mienne. Je désire qu'elle me
rende aussi présente à votre mémoire que vous l'êtes à
la mienne. Ayez-en bien soin, ne la perdez pas et dites
moi si elle va bien. Votre papa veut vous dire son petit
mot, je vous quitte donc après vous avoir embrassé de
tout mon cœur. On se porte bien à Coulommiers,
vos frères aussi. Vite de vos nouvelles, on m'assure
qu'Abraham m'a effrayée à tort ; je le désire.

Stanislas de Marolles à son frère

1er avril 1792.

Mon cher Frère,

Je profite de ce petit bout de papier pour t'embrasser

et te prier de m'envoyer la réponse à ma lettre avec tous
les détails que je t'ai demandés, car tu ne peux concevoir
combien il me tarde de l'avoir puisque rien ne m'intéresse tant que tout ce qui te touche. Les troubles ne paraissent point cesser malgré votre arrivée qui aurait dû
cependant les effrayer. Mais j'espère que c'était le désespoir qui les portait à faire ce dernier coup. Comme mon
frère a encore à écrire après moi, je finis en t'embras-
sant, encore une fois. Adieu. Porte-toi bien. Mon cher
frère, je pense que tu dois être bien occupé et que tu n'as
pas le temps de t'amuser autant que tu voudrais. Il y
a des personnes qui disent qu'il y a beaucoup de troubles
et d'autres qui disent qu'on est fort tranquille. On ne
sait quoi croire. Il n'y a que quand tu nous écriras
qu'on se décidera. Sois sûr que cela m'intéresse beaucoup. On doit faire ici incessamment une fête pour la
réception des états de Chateauvieux, et la garde nationale est fort mécontente de cela. M. de Bougon, l'aîné
et Goron sont allés à Nantes il y a trois ou quatre jours,
et ils croient que l'habitation de leur oncle est brûlée,
parce qu'il n'a pas reçu des nouvelles de Don Gérard,
cela serait très fâcheux. Je te prie de nous donner des
nouvelles le plutôt que tu pourras. Cela nous fait un

grand plaisir. Adieu, sois sûr de l'attachement de ton frère.

STANISLAS DE MAROLLES.

J'apprends, dans ce moment, les mathématiques et l'anglais. J'explique des vers dans le *Vicaire de Wake-field*, et je ferai bientôt des thèmes dans Berquin. Je désirais fort aller en Angleterre pour m'exercer dans cette langue. M. de la Guillaumie père a dit à maman que le régiment de son fils devait aller à Saint-Domingue, mais il n'était pas très sûr. Je finis ma lettre parce que je pense que mon baragouinage t'ennuiera. J'ai été à l'Opéra il n'y a pas longtemps. Je trouve cela très beau. Adieu, bien du plaisir.

Mme de Marolles à son fils

A Paris, 21 may 1792 (reçue le 1er août 1792).

Je ne sais, mon cher fils, qui est cause du retard que j'éprouve dans la réception de vos nouvelles. Je languis tristement dans cette attente ; je questionne toutes les personnes intéressées, elles ne sont pas plus heureuses. Peut-être éprouvez-vous la même privation de mes nouvelles. Voici pourtant la septième lettre que je vous écris ; ma dernière était du 6 mai. Il se passe toujours des choses atroces dans le pays qui, embelli par votre présence, devrait, suivant moi, être plus serein. Je donne cette lettre à M. d'Ormesson qui m'assure qu'il partira un bâtiment la semaine prochaine du Havre, et il met cette lettre dans son paquet. Trouvez donc quelque moyen pour m'en procurer des vôtres, j'en ai grand besoin. De tous les pays on me demande de vos nouvelles. Cela renouvelle mes peines que de ne pouvoir satisfaire les êtres qui s'intéressent à vous. Paris est tranquille en ce moment, au moins en apparence. Nous sommes toujours dans l'attente d'événements que la guerre doit occasionner. *On ne peut se faire une idée de ce qui se passera d'ici à deux ou trois mois. Si la rage des émigrés éclate, ils nous écraseront. Les Parisiens sont bien décidés à faire belle résistance à l'avance, près d'être chassés de l'Assemblée. Rentrons chez nous sains et saufs, voilà ce qu'il peut arriver de moins malheureux*[1]. Pour moi, je m'en console : sans m'ennuyer, j'ai assez de Paris, je n'y prends pas assez

----

1. Ce passage est souligné dans l'acte d'accusation.

d'exercice. L'approche ou plutôt l'arrivée de la belle saison me fait regretter mon cher Marolles. C'est un grand sacrifice pour moi, mais je le dois à votre respectable père et sûrement je partagerai toutes ses infortunes jusqu'à la fin. Elles ne sont pas faites pour lui, persistant toujours à croire que la Constitution doit résister à tout. Ce serait le troubler dans ses jouissances que de le contrarier en lui prouvant le contraire. Je ne lui en dis plus mot; il va toujours exactement à ses séances. J'y ai été deux fois.

Mlle Petit, mariée comme je vous l'ai mandé la dernière fois, m'a quittée aujourd'hui; nous en avons eu un peu de chagrin l'une et l'autre. Je crois l'avoir bien remplacée. J'ai une fille de trente-deux ans, de bonne mine, l'air très décent, accoutumée à conduire une maison dans tous les petits détails. Elle coiffe fort bien, travaille, sort peu. Je crois que je ne perds pas au change, retrouvant les mêmes qualités et un bon caractère; je me suis défait de cette Marie empoisonneuse; j'en ai une gentille qui fait assez bien la cuisine. Il faut en user pour savoir son mérite. Je les ai toutes deux de dimanche. Me voilà enfin tranquille de ce côté, car tout ce monde m'a bien tracassée par la difficulté de trouver de bons sujets ; il n'en manque pas d'autres espèces. Je paye les miens un peu cher, mais il vaut mieux les contenter et être en droit d'exiger un peu plus de service et de savoir.

Croiriez-vous que je suis en état de donner un appartement complet ici, pour loger votre tante de Montchal qui s'en arrange fort bien. Je lui ai mis un lit dans le cabinet de votre papa. Je ne sais pas le temps qu'elle restera. Vous savez qu'elle aime Paris et que son goût et sa santé sympathisent fort bien. Elle va tant qu'elle peut, mais ma voiture lui fait faute. Elle l'a trouvée fort jolie il y a trois ans. Je la laisse aller seule sortant peu depuis du temps.

La chaleur de ces jours-ci me fatigue, elle est plus forte à Paris. Ce ne sont pourtant pas de celles que vous éprouvez. Avez-vous des endroits pour vous baigner? Le chevalier va bientôt en faire usage ici, il se porte à merveille. Il s'amuse beaucoup de sa clarinette et de ses fortifications. En général, M. le comte en est bien content ; je voudrais que le moment de le placer *arrive, quoique lui disent les émigrés, que ceux qui ne les ont pas joints sont déchus de tout droit, s'ils ne se radoucissaient pas, ils ne s'en trouve-*

raient pas bien, ce serait une trop grande injustice[1].

Le curement des fossés de Marolles nous induit en forte dépense, l'eau soutenait les murs du tour qui se sont en partie écroulés, et ce n'est pas une petite besogne. Ils sont posés sur un parquet tel que celui des fossés de l'entrée, il faut refaire la fouille, remettre des bois et refaire des chaînes de sable et chaux. M. des Bordes veut bien conduire les ouvriers. Ce qu'il fera sera solide. La pente des terres est forte du côté de la cour. Vu la pente, il est essentiel que la pesée soit bien combinée. Nous sommes à la recherche du sable ; nous aurons de la peine à en trouver, il faudra peut-être aller le chercher à une lieue et demie, aux Essarts.

Adieu, mon tendre ami, je désire que vous receviez mes lettres et que vous soyez plus heureux que moi qui n'en ai pas à cause de vous ; et cependant je suis presque sûre que vous m'avez écrit plus d'une fois. Puissent-elles m'être rendues toutes à la fois : heureux pour moi sera ce jour, mais plus heureux sera celui où je vous embrasserai de tout mon cœur. Votre papa et frères vous en font autant, même ma petite chienne

---

1. Souligné dans l'acte d'accusation.

Minette, petite braque fort gentille, et un charmant
serein très privé, chantant le bûcheron ; ce petit
ménage égaye ma solitude. Ma bonne se nomme Marie ;
la cuisinière, Nanette. Avez-vous vu M. de la Guillaumie ?
il se réjouissait fort de vous voir. Dites-lui mille choses
pour moi. Ses parents se portent bien. Je leur ai fait
dire d'écrire par le bâtiment, adressant cette semaine
pour le Havre.

Enfin la lettre tant attendue est arrivée ! Ce
n'est pas la première écrite, car la poste est parfois infidèle. Mais c'est la première reçue.

Avec quelle joie, la mère seule sait le dire.

Mme *de Marolles à son fils*

28 mai 1792, reçu le 1er août 1792.

J'avais raison d'accuser la poste plutôt que vous,
mon cher fils, du retard de vos nouvelles ; je vois avec
peine qu'elle m'a frustrée de votre première du 19 mai ;
je tiens celle du 30 ; il m'est difficile de vous exprimer
tous les transports de joye, d'attendrissement auxquels
je me suis livrée en la recevant, la lisant, la relisant,

si bien que je la sais par cœur pour qu'elle me soit
présente à chaque instant. J'en ai fait part à toutes les
personnes qui vous sont attachées, ce qui m'a donné
beaucoup d'occupation. Je ne devais pas oublier le curé
de Saint-Mars qui m'écrivait continuellement, crai-
gnant que je ne l'oublie. Si vous avez des moments de
libre, écrivez-lui vous-même, et bien des détails, vous
savez combien vous lui ferez plaisir et à votre oncle de
Noyon ; vous avez presque obligation à celui-ci du party
que vous avez pris, dont, je l'espère, vous serez récom-
pensé ; vous avez ravi d'aise, notre voisine, en lui écrivant. Elle veut vous en remercier amplement. Toute la
société est contente de savoir de vos nouvelles ; la bonne
Sophie n'en a pas mangé de la journée ; elle versait des
larmes de joye de vous savoir bien portant. Je dois distinguer particulièrement dans le nombre de mes vraies
et bonnes amies, Mmes de Labans et des Bordes. Celles-
là connaissent et savent distinguer le vrai caractère de
l'amitié. Je désire, mon ami, que vous partagiez ce sentiment que j'ai pour elles et que dans toutes les occasions vous leur fassiez connaître ; ce serait ajouter à ma
tendresse pour vous et à la vôtre pour moi. Tous vos
détails m'ont fait le plus grand plaisir ; vous voilà donc

petit général, imposez-en bien à ces malheureux pour que la tranquillité se rétablisse. Munissez-vous toujours de canons pour les tenir à une distance respectueuse de vous. Le voisinage de ces gens-là n'est pas à envier; quelles sont les maladies que l'on peut craindre? Si elles deviennent épidémiques, vous ferez bien de les prévenir en vous purgeant et traitant, en consultant votre docteur; surtout munissez-vous de vinaigre; servez-vous-en dans votre toilette, pour votre barbe, vos mains, la bouche, plus un fameux spécifique contre le mauvais air: la piqûre des moustiques est fort douloureuse; on m'a dit qu'il fallait délayer un peu de terre, ne fût-ce qu'avec de la salive, et en mettre dessus la piqûre avant de gratter; ce remède est facile.

Il me semble que vous êtes plus sage que nous quant à la discipline de vos troupes; il y a à parier que si l'on avait agi ici de même, la liberté ne serait pas devenue licence; quant à présent, elle est à son comble. L'Assemblée ne doit compter sur aucun régiment de ligne, les gardes nationales nous défendront seules. Il va y avoir un régiment de ces gardes nationales par département pour remplacer les défunts. Malgré leur zèle, je crois qu'ils ne seront pas les plus forts; nous touchons à la crise; il y a longtemps qu'on l'annonce, mais un peu de fermentation, des propos font croire qu'elle s'achemine. Jusqu'ici l'Assemblée s'occupe peut-être un peu tard de dénonciations, mais elle se met en garde; sa ruine est sans doute décidée. Je ne puis croire qu'elle fasse de chacun une victime; ce serait trop s'assimiler aux brigands. Je m'abonne donc à être renvoyée comme gens de la noce. C'est un peu humiliant, mais comme je n'en ai jamais douté, mon party est pris; j'irai retrouver mon cher Marolles; mes vrais amis me resteront, je me console de la perte des factieux. Je vous ai mandé dans ma troisième lettre de février que la maison de Coulommiers étant très mauvaise, nous ferions bien de la vendre. Je vous demandais votre avis. Ce serait le moyen de nous mieux loger à Marolles, car bâtir nous écraserait. J'avais sept mille livres de remboursement à y mettre et M. des Bordes l'a examinée. Il prétend que ce serait une goutte d'eau à la rivière; mais il faut attendre pour savoir ce que deviendront les papiers; nous tenons toujours le fonds. Il y a apparence que Mme de la Boulaye ira habiter sa maison de Rozoy; elle a racheté les parts de sa succession, elle l'a à elle seule, la difficulté de la vendre lui a fait reprendre; à coup sùr, elle vendra mieux celle de Coulommiers. Si cela est, la mienne s'en suivra, et nous aurons un pied à terre à Rozoy le fort de l'hiver. Voilà un des projets qui m'occupent dans mon lointain pour ne pas quitter cette bonne amie.

Il y a toute apparence que vous allez avoir une tante de plus. Votre oncle le R... trouve une demoiselle de trente-cinq ans, charmante et qui me plaît infiniment d'extérieur, et d'intérieur; pleine de qualités, ayant toujours fréquenté la bonne et très bonne compagnie dont elle se ressent. Elle a, en outre, six mille livres de rentes, mais viagères; s'il ne vient pas d'enfants, voilà une chance; votre oncle autant; deux personnes peuvent vivre ne tenant pas de maison. Je conseille fort votre oncle de profiter de cette bonne fortune. Il se laisse voler par ses domestiques; las d'en changer, il s'en passe; puis, pour se délasser de sa vie oisive, il voit mauvaise compagnie qui le suce encore. Aussi est-il bien maigre et a-t-il besoin d'un mentor. Il y a longtemps qu'ils se connaissent. J'ai été la voir hier et en suis enchantée, c'était la première fois; ma sœur en dit autant; je crois que le mariage ne tardera pas. Il cherche un petit appartement dans le goût de celui-ci, dont ils s'accommoderont à mon départ.

Avez-vous reçu ma lettre de mars par où je vous faisais l'objection que vous aviez acheté douze aulnes de toile pour mouchoirs ; on en prend ordinairement neuf aulnes pour douze mouchoirs, parce que cela les fait quarrés ; faites-y attention, s'ils ne sont pas encore coupés. Avez-vous bien soin de ma montre ? va-t-elle bien ? J'ai bien soin de la vôtre. Je ne vous enverrai pas d'argent, aussi bien cela ne serait pas commode en argent surtout, vous en aurez quand vous le jugerez à propos. Vous savez, mon bon ami, que tout mon bien est le vôtre ; votre absence ne vous fait point tort. Vos frères vous embrassent, aussi votre papa. Pour changer, je vais vous envoyer cette lettre par Nantes ; ma dernière par le Havre est du 6 mai, la précédente d'avril par Bordeaux.

M. O'Heguerty est ruiné ; son régiment est à deux lieues de Cob. ; ils font ménage avec 4... La perte est grande pour M. de Boug... il ne vient pas à Paris. Vous savez les nouvelles sûrement par les papiers des camarades. Je m'en tiens à celles que moi seule peux vous apprendre et à vous assurer de l'attachement de la plus tendre des mères.

Mme de Marolles à son fils

18 juillet 1792.

Je suis ravie, mon cher fils, de vous savoir au courant de mes lettres. Je souffrais du retard, et je sais trop, par moi-même, combien la privation de nouvelles de ce qui vous est cher ajoute à la peine d'en être éloigné. Vous voyez par le nombre de mes lettres, que vous ne pouvez accuser mon cœur de n'être pas occupé de vous. Il y a peu de moments où vous ne soyez présent à mon cœur. J'en rends témoin toutes les personnes que je vois qui ont la bonté de prendre intérêt à ma sollicitude maternelle. Quoique ne vous connaissant pas, elles savent me faire plaisir en parlant de vous. Il ne se passe point de journées que vous n'ayiez eu votre audience. Votre portrait est posé au-dessus de mon petit secrétaire. Je vous y adresse mille fois le jour mes regards et mes pensées. Je suis fâchée qu'on vous ait fait une mine si triste, car certainement votre naturelle serait plus agréable pour moi. Je conçois qu'elle ne doit pas être telle pour vos malheureux, et qu'il est affreux de ne pas espérer les remettre à raison. Ils seraient plus aisés à ramener s'ils avaient plus de connaissances. Je crois que nous allons commencer à l'éprouver ici. Le peuple voit qu'il a été trompé et qu'il en est la dupe. La journée affreuse du 20 juin, dont vous êtes sans doute informé, où il a si fort injurié le roi jusque dans son palais. Le but était de faire naître des dissensions. La fermeté du roi les a déconcertés. Ils disent hautement qu'on a beau faire, qu'ils ne veulent plus se fâcher, ils ne s'en voyent pas plus heureux et dans une classe au dessus ils ne voyent plus que les abus. Ah! que l'on pouvait faire de bien et qu'il se fait de mal!

La fédération s'est bien passée; il n'y a pas eu autant de fédérés qu'on en avait demandé, parce que, chemin faisant, ils ont appris qu'au lieu de camper à Paris, on les envoyait camper à Soissons. Ils ont rebroussé chemin. Toutes les troupes de ligne que nous avions ici sont envoyées sur les frontières. Ils sont tous partis aujourd'hui à six heures. En partant, ils ont crié : « Vive le roi, la noblesse, au diable la nation! » Voilà de belles dispositions pour aller nous défendre contre nos ennemis qui se multiplient à l'infini. Leur armée est au moins de 200 mille hommes, la nôtre, à peine de 140.000 hommes. Ce n'est assurément pas force égale ; mais on compte que le patriotisme suppléera à la force. M. de Lafayette est à la veille d'être remplacé. On le regarde comme un traître. M. de Custine est généralissime, mais n'en a pas été moins insulté aujourd'hui, très près de l'Assemblée. Il y est venu deux jours pour, dit-on, se concerter avec le roi, pour l'armée ; il gémit sur son peu de forces, demande un renfort. Cela, comme bien autres choses, passe sous silence. Vous voyez notre malheureuse patrie aussi infortunée que celle que vous défendez. Que je suis heureuse de vous savoir ayant eu la petite vérole. Que j'aurais d'inquiétude. Certainement, vous l'auriez gagné dans cette épidémie. Il n'y a pas grande perte à la moisson qu'elle a faite des brigands ; prolongez donc les détails que vous me faites. Je trouve vos lettres trop courtes et si serrées qu'il faut deviner le surplus de vos pensées. Quand on est à deux mille lieues l'un de l'autre, il faut des épîtres, non des abrégés. Vous amusez-vous à faire un extrait de ce pays, des usages et de vos remarques ? Quand vous aurez assez d'argent pour pouvoir m'envoyer deux cents francs de café, je les recevrai avec plaisir. J'en trouverai le débit.

Il faut vous attacher à avoir du meilleur, cent francs si vous ne pouvez plus étant pris dans l'isle à quinze sols. Je présume qu'il coûtera vingt sols au débarquement, puis cinq de voiture du Havre ici ; assurément nous y gagnerions quand il serait même à quelques sols de plus. Il vaut constamment quarante-deux à quarante-quatre francs. Il ne peut diminuer d'ici à longtemps. Il faudrait s'assurer s'il arriverait sûrement en bon état à Marolles.

Il y a sûrement des voitures arrivées jusqu'ici. La Normandie est fort tranquille, assez éloignée du théâtre de la guerre pour croire que cet envoi arrivera sûrement. Au surplus ne nous pressons pas, voyons la tournure des choses. Je ne me flatte pas de vous revoir cet hiver, et d'ici là, votre sort sera décidé. Je crois que si l'Assemblée avait voulu, notre attente ne serait pas si funeste, mais elle est composée de fous et de faibles. Votre père croit toujours que le party faible l'emportera par son patriotisme. Tout ce qu'il voit ne le fait pas changer.

Votre frère désire bien fort d'entrer dans un régiment. Il compte sur vous. Je l'invite à la patience, il n'y a pas moyen à présent de penser autrement.

Il se porte bien, aussi le petit. Je me promène un peu dans les environs de Paris, qui sont beaux. J'ai été le soir à Choisy, demain à Sceaux avec Mme Delaage, qui s'intéresse bien à vous. Je suis fort aise que vous ayez écrit et que vous vous occupiez de M. Guérin. J'ai peur que votre style ne soit bien sec. Je vous recommande toujours la bonne santé de ma montre comme j'ai soin de la vôtre. Je vous élève une petite chienne braque qui devient fort aimable. Elle est plus blanche et plus petite que celle de M. Soudain. Je vais laisser votre papa vous dire un petit mot, après vous avoir donné mille baisers qui, assurément, n'ont pas le mérite de la réalité d'un seul. Je suis fort contente de mes nouvelles. On se porte bien à Coulommiers. Mme de la Boulaye n'est pas venue ni sa fille, elles ont peur de nous, puis le mary n'est plus bien disposé. Quand vous verrez M. de Laguillaumie, dites-lui mille choses pour moi. J'admire toujours le sort qui vous a si bien servi l'un et l'autre. Avez-vous écrit au curé de Saint-Mars? je suis étonnée de n'avoir pas de réponse aux nouvelles que je lui ai données de vous. Villiers n'est pas encore reloué ni la Borde. M. Maricot est chargé de la première, dont il nous enverra le projet. Le prieur de Saint-Remy s'occupe de l'autre. De tous ces côtés on paye lentement. Les fossés de Marolles nous coûtent cinq cents francs. Il faut faire le revêtissement en entier dans toute la grande cour. Le fond est en bois, chaux et sable, etc. Des Bordes veille, l'ouvrage sera bien fait, mais pas vite, les maçons ayant beaucoup d'ateliers, voulant contenter tout le monde, ne viennent pas assez. Cette lenteur a un peu augmenté l'ouvrage, les terres coulant plus encore, la recherche du sable. Antoine avait mal cherché dans la garenne. D'autres ouvriers ont trouvé une veine qui fera l'ouvrage. Le poisson a besoin d'être chez lui. Il pâtit : on me fait espérer qu'il y sera au mois d'août. Les pêchers ont bien souffert des gelées du mois de mars. Il a fallu couper plusieurs branches qui les défiguraient. Il n'y a point de frais d'aucune espèce. Le jardin me paraît fort triste. C'est une bonne année à y paraître; quoique tout soit cher ici, ne voulant pas de primeurs. Les légumes deviennent si communs qu'ils ne le sont pas trop. On m'a envoyé de Coulommiers deux paires de pigeons vivants; j'ai fait une volière sur la terrasse, où il y avait un enfoncement, couvert d'un petit toit. Le serrurier m'a prêté une grande porte de fil d'archal, qui la ferme juste. Ils sont là à merveille. J'ai aussi trois poulets qui couvent dans la cour. J'ai loué l'écurie à un médecin, au deuxième, cent francs. Ce n'est pas cher, mais cela vaut mieux que des gens qui seraient logés hors la maison; il rentre de bonne heure, fort tard; mais il faut nous méfier du domestique qui me vole charbon, beurre fondu, il nous rend soigneux. Ayant reçu un remboursement de onze mille livres, j'ai remboursé votre oncle de Noyon de dix mille, voilà une bonne rente de moins; je ne dois plus que ce qu'il m'a été impossible de rembourser, ne le pouvant qu'en argent. Cet emprunt était fait depuis le cours des billets et reçu en argent, si ce n'est celle de Chevru qui ne tardera pas, devant avoir un remboursement de Villeneuve-L'Archet.

Mme de Marolles à son fils

(Sans date.)

FRAGMENTS D'UNE LETTRE *(suite)*

Admirez le courage héroïque du roi. Il n'est vraiment grand que de ce jour[1]. Vous savez sans doute que les

---

1. Cette lettre fait allusion à la journée du 20 juin.

faubourgs se sont rendus armés aux Tuileries et sont
entrés de force auprès du roi où toutes les injures lui
ont été prodiguées. On ne voulait, disaient-ils, que lui
faire peur. Une femme armée d'un poignard se présente en face de la reine, tombe à ses pieds en criant :
« Voilà la reine! » Est-ce la force du sentiment ou jeu
joué? Ces viles créatures le sont encore moins, je
pense, que ceux qui les provoquent. Nos armées en
sont courroucées avec justice. Ils défendent la Constitution, elle est violée dans son sanctuaire, ne sont-ils
pas en droit de venir ici commencer à la faire exécuter.
Tout affreux qu'est votre pays, je crois que la France
devient encore pire. Nous sommes toujours en transes
de pillage; plus de bonne foi, plus de religion. Cette
crise est violente, elle n'est pas moindre pour nos
émigrés qui ne se soutiennent qu'à l'ombre de chi-
mères. Ils ne sont pas à se repentir de leurs fausses
démarches. L'aîné d'Assonvillez est ici depuis trois
mois; il est venu me voir, il m'a dit aimer sa liberté.
Il y en a qui ont pris ce parti. Vous n'apprendrez pas
sans douleur la perte que cette famille a fait du généreux Bartillac, votre ancien colonel. Une fluxion de
poitrine l'a enlevé à sa famille qui en est inconsolable.

Je le suis moi-même de la mort d'un si aimable homme. Ils sont tous là-bas, les Martelières aussi, et ont fait faire un grand ouvrage où figure M. de Marolles.

L'éboulement des fossés a entraîné et fait couler les terres qui ne sont que mares, pourtant retenues par une charpente comme ce que vous avez fait à ceux d'entrée. Il a fallu y en ajouter et refaire le mur à chaux et à sable qu'on a trouvé dans la garenne. M. Desbordes y a présidé, ce sera solide et bien fait. On a repiqué la grange d'une bonne charpente et celle de la maison de Louis. Voilà les travaux. Cette année, les bois seront vendus sur pied. La gelée a fait périr une partie des pêchers qu'il a fallu couper.

Il n'y a point du tout de fruits, les jardins arides ne donnent rien, nous n'y aurons que pauvre ressource cette année. Mais tout ici est au poids de l'or, les cerises à cinq sous la livre; la viande, à douze sous; le pain, trois sous. Les ouvriers sont si rares et font tant les renchéris qu'on ne peut rien acheter, et tout est de mauvaise qualité. En se ménageant beaucoup, on dépense beaucoup sans rien avoir; vous en savez quelque chose. Patience, mon cher enfant, viendra un jour où la jouissance du moment nous fera passer l'éponge sur les peines passées. Nos cœurs restent les mêmes ; je sens le mien toujours porté à vous aimer et à vous le dire ; je sens que le vôtre en dit autant.

(Reçu le 8 octobre.)

Mme de Marolles à son fils

22 juillet 1792.

Mme de la Boulaye m'envoie cette lettre, mon cher ami, que je ne puis laisser partir sans vous dire un mot d'amitié. Elle vous témoigne sûrement le plaisir que vous lui avez fait de lui écrire. Elle m'a mandé le sentir vivement. Votre oncle de Noyon m'a fait part de votre lettre. Je vous sais gré de vous être mis en frais pour eux. Mais vous êtes d'un laconisme qui devrait se réchauffer à deux mille lieues par un petit mot d'amitié qui donne de l'agrément à la diction et de l'intérêt au lecteur. Vos idées sont trop serrées ; mais encore vaut-il mieux subir cette rigueur, qu'une privation totale ; ainsi, écrivez toujours. J'ai donné de vos nouvelles au curé de Saint-Mars ; il ne m'a pas répondu. Je présume que vous l'avez mis sur votre liste de souvenirs. Il était bien impatient d'avoir de vos nouvelles.

Votre oncle est marié, votre tante est aimable. Ils occupent encore l'appartement que vous connaissez à l'hôtel de Provence, jusqu'à la fin du mois. Ils ont loué rue Neuve-Saint-Paul. J'ai été dîner chez eux dimanche. Ils viennent ici de temps en temps. Le parrain a donné une montre au filleul ; vous sentez la joie de Stanislas ; et un étui de mathématiques au chevalier. J'aime beaucoup ces deux cadeaux. Avez-vous retrouvé votre étui ? Avez-vous soin de ma montre ?

Je suis fâchée que vous perdiez M. Deblavo. Que Dites-vous de M. d'Esparbes ? Venez-vous à bout de mettre vos brigands à la raison ? J'ai besoin de voir votre assurance pour l'être moi-même un peu. Que n'a-t-on pas à appréhender de tant de malheureux, sans raison, qui n'ont aucun frein pour calmer leur cruauté. Souvent de vos nouvelles, mon cher ami ; les nôtres sont bonnes, mais le cœur est affecté de tout ce qui se passe qui ne va pas de mieux en mieux. Nos sans-culottes peuvent aller de pair avec vos noirs ; s'ils n'exercent pas les mêmes cruautés, leurs propos font craindre qu'ils n'y viennent. Ils sont trop excités. Papa, frères et maman vous embrassent de tout cœur.

Stanislas de Marolles à son frère

MON FRÈRE,

Je profite de ce petit bout de papier, pour te dire combien je t'aime. Nous attendons ta réponse avec impatience pour nous informer de ta santé et comment va l'isle, car on ne peut pas se fier à ce que les gazettes disent. J'apprends les mathématiques et l'anglais. Aux mathématiques, j'en suis aux lignes droites qui tiennent un espace, c'est dans la géométrie, Et pour l'anglais, j'ai expliqué *le Vicaire de Wakefield*, et maintenant j'explique les fables de Gay en vers. Mon frère le chevalier te fait bien des compliments, il se porte toujours bien. Adieu mon frère, sois sûr du sincère attachement avec lequel je suis ton ami.

STANISLAS.

V

LES LETTRES D'UNE MÈRE

TROISIÈME SÉRIE

APRÈS LE 10 AOUT

V

LES LETTRES D'UNE MÈRE

TROISIÈME SÉRIE

APRÈS LE 10 AOUT

On trouve dans les lettres qui précèdent la trace de l'émotion causée par l'émeute du 20 juin. Le coup n'avait pas réussi, et le peuple ne s'était pas prêté à l'office de bourreau qu'on attendait de lui. Il fallait préparer une autre occasion pour mettre la main sur la famille royale.

L'attentat eut lieu le 10 août.

La lettre qu'on va lire montre comme il est difficile, pour les contemporains, d'apprécier les événements qui se passent sous leurs yeux, et d'en discerner les causes véritables. Alors que l'histoire établit d'une manière certaine que l'attaque des Tuileries a été organisée par les principaux membres de la Gironde[1], il semblerait résulter de cette lettre, que l'affaire avait été montée par la cour contre la représentation nationale, et que l'internement du roi et de sa famille au Temple n'avait été qu'une manœuvre habile pour le soustraire à la vengeance du peuple. On retrouve là l'influence de l'optimisme de M. de Marolles. Séduit par les idées généreuses, qui sont le masque de la Révolution, il ne voulait pas soupçonner la perversité des destructeurs du passé, et comptait sur l'efficacité des institutions nouvelles pour calmer les effets d'une effervescence momentanée. Mme de Marolles ne partageait pas sa confiance, ainsi que sa correspondance en fait foi, mais elle ne connaissait les faits que par les récits

1. V. *la Légende des Girondins*, par Ed. Biré.

de son mari, et ne pouvait se rendre compte de
l'action dirigeante des sociétés secrètes sur les
événements du 10 août et du 2 septembre.

La lettre qui suit est datée du 18 septembre.
Elle n'était pas comprise dans le dossier criminel,
et a été conservée dans les papiers de famille.

Mme de Marolles à son fils Charles

A Paris, 18 septembre 1792 [1].

J'ai reçu votre lettre du 9 juillet, mon cher ami,
comme la mienne du 12 de ce mois venait de partir ;
votre papa a reçu le lendemain la vôtre du 18 juillet,
et vos frères, hier, les deux leurs. Nous n'avons garde
de nous plaindre de vos bienfaits, ils répandent un
baume dans notre sang, qui nous aide à supporter les
maux présents. Ils sont réels, puisqu'il n'y a que la
destruction d'un des partis pour rétablir l'ordre.

---

1. L'adresse porte le timbre de Coulommiers. Sans doute
Mme de Marolles l'ayant écrite à Paris le 18, l'a mise à la
poste le 20, jour de son arrivée à Coulommiers.

L'affaire du 10 a fait une explosion qui fait avancer les
choses. Elle a été mal combinée de la part de la cour
et mal exécutée, parce que l'on n'était pas assez sûr
de la garde nationale qu'on employait. Dès qu'ils ont
vu qu'on les destinait à tirer sur le peuple, ils sont sor-
tis des Tuileries. Les Suisses, augmentés de gardes du
corps et plusieurs autres, n'ont pas été les plus forts.
Il est bien prouvé que l'Assemblée devait sauter. Le
peuple, irrité de la trahison, s'est porté à des violences
affreuses depuis[1], jusqu'à égorger de sang-froid, les
prisonniers et les prêtres non assermentés. Cela
déchire le cœur. Était-il fondé à croire, comme il le
dit, que tous ses prisonniers devaient être relâchés pour
piller et massacrer tous les patriotes ? Était-ce à eux à
faire justice ? Toutes les villes où il y a de grandes prisons se sont vu obligées d'en faire autant. La garde
nationale s'y est pourtant opposée à Orléans ; mais les
prisonniers devaient être transférés à Saumur. Malgré
le décret, on les a amenés à Versailles où ils ont été
massacrés. On ne peut y penser sans frémir. Où le
peuple ne se porte-t-il pas, lorsqu'il est en colère ? Les

---

1. Les massacres de septembre.

tigres ne sont pas plus sanguinaires. Ce complot de la cour avait eu lieu parce qu'elle était informée que les faubourgs devaient venir faire pétition au roi pour qu'il lève le veto chez les prêtres, que l'Assemblée voulait exporter hors du royaume, leur imputant les désordres des prisons. Le peuple aussi voulait déchoir le roi. L'Assemblée retardait tout. Enfin, elle s'en est tirée en appelant une convention nationale.

Cette Assemblée n'ayant pas assez de pouvoir pour prononcer un point aussi grave, pour mon compte, je trouve qu'elle s'en est tirée avec esprit. Elle s'est contentée de suspendre le roi et de le loger au Temple avec la famille royale complètement en prison, mais bien en sûreté, ne voulant lui faire aucun mal. Qu'il est à plaindre ! lui seul voulait le bien, il en fait, mais, sollicité, il s'est trahi lui-même ; il a sacrifié les personnes qui lui étaient attachées dès qu'il a vu que le vent tournait mal. Le 10, il s'est réfugié à l'Assemblée en s'excusant sur ce qu'il avait défendu de tirer pendant qu'il avait passé une partie de la nuit à faire la revue de toutes les personnes postées au jardin, et que toutes les croisées et lucarnes étaient garnies de fusillers. Ceux des Suisses et gardes qui sont restés en ont trop dit pour ne le pas trouver coupable malgré soi. Cette pensée me fâche, moi qui l'aimais, mais je ne puis me refuser à l'évidence, comme à celle de voir que les Autrichiens étaient bien sûrs d'entrer à Paris, de la manière dont toutes les villes devaient se rendre. Les ministres avaient fait à croire qu'elles étaient fortifiées, que tout était en état de défense, aussi sont-ils entrés dans Longwy et Verdun; depuis que l'on y voit clair, les progrès sont moins rapides. Il sort des volontaires dessous terre. C'est innombrable la quantité qui partent pour aller grossir l'armée, Ils sont d'une bravoure qui vous étonnerait; il se fait des dons énormes pour les habiller, armer, les payer. Il en part tous les jours neuf cents de Paris. Il y en aura au moins soixante mille, les provinces, à proportion, si rien ne retarde la marche. Comme on les croit un peu poltrons on se plaît à leur faire croire que leurs chefs les trahissent. Cela seul leur fera tort; une fois le désordre, ils perdront la tête, pendront leurs chefs; jusqu'à présent ils y ont confiance. Comme j'ai tant discuté le pour et le contre je ne sais pas sous quel règne nous serons le plus heureux. Quant à moi personnellement, on annonce une proscription si réelle pour les députés de cette législation, que je ne puis désirer voir entrer ici le roi de Prusse. Je plains le sort des émigrés dont les biens vont être vendus s'ils ne se dépêchent d'arriver. Mais, s'ils arrivent, ce sera le nôtre qui répondra; l'alternative est dure. En attendant, nous allons nous en aller à Marolles, bien tranquillement en famille, y passer notre hiver, sans voir un chat, car on nous boude bien fort à Coulommiers. Ma voisine m'écrit en amie, mais ne viendra même pas, parce que je ne suis pas seule. Votre frère y travaillera avec son frère. Je suis bien fâchée qu'il ne soit pas avec vous et, si cela se pouvait, comme je vous l'enverrais. Mais cela est-il dans la possibilité des choses possibles? Croyez-vous y être encore longtemps? C'est pour moi un grand sacrifice, mais telles sont les choses ici, que je suis obligée de me trouver heureuse, puisque vous êtes à un poste d'honneur. Ah! mon très cher bien-aimé fils, restez-y, et que tout votre bataillon suive votre exemple. Cette malheureuse contrée, que vous défendez au prix de votre vie, a encore bien besoin de vous. Je bénis le ciel de vous avoir sauvé de la maladie que vous avez éprouvée. Pensez-vous vous rafraîchir, vous soigner? Vous avez sûrement un bon docteur? Consultez-le bien pour qu'il me conserve mon cher fils. Ce pauvre nez si sujet à être rouge, boutonné, doit l'être bien davantage dans un pays chaud. Les bains, les bains, vous savez comme ils vous font du bien, profitez d'un moment de repos, car sans doute, vous n'êtes pas arrêtés tous les jours par ces vilains nègres rebelles. Mettez-les bien à la raison, et, si l'on nous chasse du royaume, j'irai vous trouver.

J'ai été vous chercher des boutons. Vous m'en demandez six douzaines et plus. Je vous en envoie douze douzaines parce qu'on m'a dit que douze douzaines feraient juste la garniture de quatre habits et autant de petits. Je ne les aurai que demain, parce que, les marchands n'ayant plus d'ouvriers, puisqu'ils s'engagent tous, on ne peut plus rien avoir qu'en attendant longtemps. Dès que je les aurai, je les mettrai dans une toile cirée et les ferai mettre au carrosse du Havre adressés à M. Hombert que vous connaissez. Les boutons coûtent trois livres les cinq cents et une livre dix sols les petits. Les douze douzaines cinquante-quatre livres. Je n'ai pu, malgré la quantité, les avoir à moins, bien conditionnés.

J'ai parlé à M. Guérin de sa procuration, il est si

occupé de la maison de secours dont il débrouille le cahos d'affaires, qu'il oublie les siennes. C'est cette maison qui procurait les petits billets de dix, quinze écus; elle a fait banqueroute. Il est le seul honnête homme employé là. Il y a bien des coquins dans le monde. Cela lui vaut peu, mais bien de la peine. Vous lui rendrez grand service si vous pouvez lui tirer quelque chose. Ces dames se portent bien; elles ont, comme bien du monde, eu peur à Paris; elles sont toutes à Chailly. M.*** n'a jamais voulu que son fils émigre. Je vais bien.

Cordier s'est chez nous occupé à tenir tant qu'il a pu; mais il reste toujours; tant pis pour Coulommiers. Que peut-il retirer de cet enfer? On dit qu'il n'y aura plus que des Mirabeau aux... républ... il n'y a pas de doute.

Tous les envoyés des deux Assemblées ont renommé à la Convention tous leurs Jacobins dans l'âme.

J'attends votre oncle sous peu de jours. On veut à Coulommiers qu'il soit émigré, on saisit ses biens; son certificat de domicile et sa patience prouvera le contraire. Ceux de Paris sont toujours avec eux à Provins. Mlle de Beaufort n'est pas fâchée de la destruction des couvents, pas plus Mlle des Essarts. Mais

l'ordre de Malte est supprimé, on donne aux curés le
même revenu, ils sont tous à Maison-Neuve jusqu'à
nouvel ordre, on ne les voit pas en ville ; il est vrai
qu'ils sont tous si tristes et de si mauvaise humeur,
qu'on les fuit. Il n'y a plus d'Assemblée, avec raison
on est contristé de n'avoir pas de nouvelles de 4...,
ni de son beau-père et le père doublement contrarié
de l'être dans ses projets. Il ne calculait pas que tout
prendrait cette tournure. Autant jusqu'au 10, ils affec-
taient d'assurance, autant ils paraissent anéantis. C'est
trop marqué aux yeux de certaines personnes. On est
en général plus politique à Paris. Je vais louer notre
maison, en attendant que je trouve à la bien vendre.
Celle de Paris ne l'est pas encore, dont bien me fâche.
M. Guérin fait ce qu'il peut, mais il n'y est pas, et je
crains que les maîtres ne se trouvent bien d'être sûrs,
d'être payés et d'être tranquilles chez eux, d'autant que
j'y ai mis un portier, comptant que je relouerais plus
vite. C'est une augmentation de paye. Il y a peu de
monde, les députés sont en hôtel garni. L'hiver me
sera peut-être plus favorable, je retire en attendant
cent livres de l'écurie. C'est autant de moins.

Sur cette douloureuse période qui termina le triste rôle de l'Assemblée législative, nous retrouvons dans les notes de Charles-Balthazar, celui qu'on appelait « le chevalier », quelques lignes intéressantes :

« Le rôle de mon père fut très pénible à l'Assemblée législative. Détestant les Jacobins, il cherchait à se réunir aux députés les plus constitutionnels, mais, étant en minorité, il ne pouvait empêcher les décrets les plus désastreux, ni la déposition du malheureux roi Louis XVI, qui était venu se réfugier dans le sein de l'Assemblée pendant la bataille du 10 août. Loin d'être touché de ce procédé, on l'exila dans la loge du *Moniteur*.

« Au moment de l'arrivée du roi, une scène des plus extraordinaires fit frémir tous les Jacobins. Une explosion d'armes à feu se fit entendre à la porte de l'Assemblée. Le bataillon suisse qui avait protégé la retraite du roi, forcé de se rendre, déchargea ses armes, ce qui fit un tel bruit que ces messieurs crurent un instant que leur tour était arrivé; ils se préparaient à périr sur leur chaise curule. Mais cette crainte fut bientôt dissipée, en entendant ces fidèles Suisses massacrés par ce même peuple qui s'était enfui lâchement à la première décharge de la garde du roi, dans la cour des Tuileries.

« Sorti de ma pension avec mes camarades pour aller par curiosité voir ce qui se passait, après avoir entendu le tocsin sonner de tous côtés, nous fûmes presque culbutés par cette populace armée de piques et de haches qui s'enfuyait de tous côtés en criant : « Sauve qui peut! » Nous regagnons bien vite notre pension, d'où nous entendions la fusillade qui devenait de plus en plus forte jusqu'au moment de la retraite du roi, où elle cessa tout à coup.

« Le soir, je m'échappai encore de mon collège; je traversai le Carrousel où je ne vis que des morts. Les baraques, longeant la grille, brûlaient encore. Dans la cour des Tuileries, des rangées de morts alignées comme des bataillons, et quelques furies occupées à dépouiller les cadavres et à les mutiler affreusement.

« Enfin, marchant dans le sang et sur les débris des membres épars, je cherche mon père qui venait de rentrer chez lui.

« Désespéré de tout ce qui s'était passé, il voulait quitter cette horrible Assemblée et aller se cacher à la campagne. Mais plusieurs députés vinrent l'en dissuader, en lui faisant voir que, si tous les honnêtes gens se retiraient, le roi périrait incontestablement. Effectivement, les Jacobins n'osèrent pas attenter à la vie du roi pendant l'Assemblée législative, qui cependant était bien faible, puisqu'elle eut la lâcheté de déposer le roi. Après ce coup d'État, elle devait nécessairement se dissoudre, puisque la Constitution n'existait plus. Elle fit place à la Convention.

« Avant de quitter Paris, mon père eut le bon-

heur de sauver plusieurs personnes qui étaient
destinées aux massacres des 2 et 4 septembre.
L'un d'eux, le marquis de R..., enfermé à la Force,
et un prêtre échappé presque miraculeusement
des Carmes, en passant à travers les assassins, sur
un monceau de victimes qui lui servaient de
marchepied pour escalader un mur de douze pieds
de hauteur. Après mille détours il arrive chez
mon père qui le cache et parvient à lui sauver la
vie. »

C'est le 20 septembre, la veille de la réunion
de la Convention et de la proclamation de la République, que M. de Marolles et sa famille quit-
tèrent Paris pour rentrer à Marolles. Mme de Marolles se faisait une joie de ce retour, ainsi qu'elle
le dit dans une lettre écrite, quelque temps aupa-
ravant, au curé de Saint-Mars.

On est frappé du calme de cette lettre à la veille
des massacres de septembre. Tant il est vrai que
les événements produisent souvent moins d'im-

pression au moment où ils se passent que vus d'ensemble et à distance.

Mme de Marolles à M. Cagnyé, curé de Saint-Mars

Paris, (fin) août 92.

Que le retard de la réponse de mon mari ne vous fasse pas douter de son sincère attachement pour vous, Monsieur ; mais il voulait vous fixer sur un journal, il a cherché le plus digne de vous ; mais de ce moment le choix est assez difficile en ce qu'ils se ressemblent fort.

(Effacé par le timbre) par celui-ci sans le savoir. D'après la cessation de la *Gazette universelle* qui m'amusait, quoique très bonne patriote, M. de Marolles avait jugé celle-ci meilleure pour les faibles d'esprit. Je ne sais pourquoi il ne m'en était arrivé que le premier numéro, et puis une lacune jusqu'à ce jour que le tout m'est parvenu. L'échantillon m'en fera délivrer pour vous un autre. M. de Marolles vous a donc abonné à la *Gazette nationale*, mais elle ne vous sera remise que le 1er septembre, à moins que vous ne vouliez payer le mois entier ; comme le style rentre à

peu près dans le genre de celui-cy, tel est l'esprit du
jour et qu'il m'est facile de vous le procurer, je commence donc à vous envoyer ce qui m'est arrivé et je
continuerai, si vous en avez la patience, deux fois la
semaine. Le fond est assez vrai, ce n'est que la manière
de s'exprimer qui me paraît triviale. Nous nous y ferons sans doute comme à toute autre chose. Mon mari,
très occupé de lettres à envoyer dans le département,
les longues séances l'ont privé de répondre lui-même
à votre obligeante épître.

Il vous assure qu'il aura toujours le cœur très à
droite pour vous, Monsieur. J'ai grande impatience de
vous assurer, en personne, que je partage le même
sentiment. Le 20 septembre satisfera mes désirs ou
peu de jours après. Ah! mon cher Marolles, que je te
trouverai préférable à la capitale...

Je n'ai point de nouvelles de mon aîné, le cœur d'une
mère s'alarme aisément. Les nouvelles des colonies sont
assez bonnes. Il commençait à s'en apercevoir la dernière fois qu'il m'a écrit, mais il y a tant d'autres événements qui se grossissent par l'éloignement! Sans ces
inquiétudes ne puis-je pas me regarder heureuse, qu'ap-
prouvé de tous côtés, il soit à son poste d'honneur et

conscience. Les autres se portent bien, le papa de même. Agréez les respectueux hommages et l'assurance de celui que je joins au plus parfait attachement.

Mille compliments, s'il vous plaît, à Mlle Champagne.

Cette *Gazette nationale* est celle *de France* à laquelle on a ajouté *nationale*, mais refondue, dont voilà l'abonnement que je joins ici. M. de Marolles vous a abonné pour le moins possible qui est de trois mois.

La famille était réunie au foyer des ancêtres. M. de Marolles s'était dispensé des séances dans lesquelles l'Assemblée législative avait installé la Convention. Il en avait assez. Un profond découragement avait succédé aux illusions patriotiques. L'avenir lui apparaissait sous le jour le plus sombre. Il venait chercher un refuge dans ses études philosophiques et dans l'achèvement de l'éducation de ses deux plus jeunes fils.

Quelques jours après son retour, Mme de Marolles reçut de sa sœur, la comtesse de Maumigny, retirée à Nevers, une lettre empreinte des préoccupations du moment. On verra, dans la suite, que ces préoccupations mêmes formèrent un des griefs relevés par l'accusateur public.

De la comtesse de Maumigny à sa sœur
Mme de Marolles

Ce 21 octobre 1792.

Je suis de retour à Nevers, ma chère amie, on m'a remis votre lettre. Oui, je vous avoue que je suis bien plus tranquille de vous savoir habitante de votre chaumière, et je forme des vœux bien ardents pour que vous y soyez toujours bien en paix ; mais, ma chère amie, si par hasard vous voyez, dans quelque temps, qu'elle puisse être troublée, n'hésitez pas, je vous en conjure, à venir chez moi avec vos deux enfants. C'est l'amitié bien sincère qui me fait parler, car je n'ai aucune notion que votre tranquillité puisse être troublée, mais les craintes que je crois m'être aperçue que vous aviez, alarment aussi mon cœur ; et c'est ce qui me fait parler, car je vous assure que je ne sais rien du tout à cet égard. J'ai été obligée de revenir, parce qu'on prétend que mon mari est émigré, et, en conséquence, on va vendre tout ce qui lui appartient ; une partie est déjà affermée ; j'ai des droits à réclamer. En conséquence, je travaille à mon divorce, et, d'après cela, j'espère jouir d'une partie de ma fortune ; je n'ai plus guère de temps pour ma besogne ; ainsi je suis arrivée à temps et je suis partie aussitôt que l'exprès est venu, c'est-à-dire avant-hier. On fait aujourd'hui une grande réjouissance à cause de la prise de Chambéry. Prenez-garde à ce que vous me manderez, ma chère amie, parce que notre maître de poste, qui est un très honnète homme, va être changé. Si vous aviez quelque chose à me dire, écrivez-moi avec du lait ou avec du jus d'oignons blancs, bien passés, ou avec du jus de citron et dites-moi quelque chose dans ce que vous écrirez à l'encre qui me mette au fait ; j'en ferai autant en cas de besoin [1].

Puisque vous voulez que je vous parle naturellement, oui, vous me ferez plaisir de me commander une petite part de fromage. Ma confiance en la providence me donne toujours l'espérance que mon mari et mes enfants viendront en manger leur part ; mais, ma chère amie,

---

1. Passage incriminé.

je n'accepte votre offre qu'aux conditions que vous me
ferez payer ce que cela coûtera. Je suis fort fatiguée
de souffrir beaucoup de mon rhumatisme. La tête se
ressent des peines du cœur ; j'ai reçu des nouvelles de
ma fille. Ses enfants se portent bien.

Adieu, j'embrasse les vôtres et vous de tout mon
cœur.

Parlez-moi de M. et Mme de la Hante.

A Madame de Marolles au château de Marolles,
près Coulommiers-en-Brie.

La correspondance de Mme de Marolles avec son
fils cesse à partir de cette époque. Aussitôt après le
10 août, l'Assemblée Législative, se constituant en
permanence sous le nom d'Assemblée Nationale,
avait envoyé des commissaires aux colonies chargés
de notifier les décrets annonçant la nomination
d'une Convention. Les commissaires de l'Assemblée, nommés Santonax et Polvéride, partis à bord
de l'aviso le *Papillon*, arrivèrent au Cap le
1er octobre, ainsi qu'il résulte d'une communica-

tion faite à la Convention le 11 novembre par le Ministre de la Marine. Le premier acte des commissaires fut de proclamer la liberté des nègres, de destituer le gouverneur, M. de Blanchelande, ainsi que tous les officiers de la première expédition, et de les embarquer pour la France. A peine furent-ils partis que les nègres, pour fêter leur liberté, mirent le feu à la ville du Cap.

Le retour de Charles dans sa famille eut lieu vers la fin de novembre. Il est facile de se figurer le bonheur de tous, surtout de sa mère. On ne se lassait pas de l'interroger, de lui faire raconter ses aventures. Ses récits étaient pleins de feu. C'étaient des descriptions de batailles merveilleuses, des nuées de sauvages dissipées par une poignée de soldats ; des courses hardies dans des contrées inconnues. Son frère cadet disait qu'il croyait entendre l'Arioste.

La vie de famille succédait aux agitations de la politique et aux péripéties de la guerre. Cet hiver de 1793 fut, pour les châtelains de Marolles, une période de retraite et de paix, tandisque s'accomplissait le crime national qui devait marquer d'une tache indélébile l'œuvre de la Révolution.

Les Quatre-Solz avaient cessé d'habiter Coulommiers, mais ils y conservaient de nombreuses relations de parents et d'amis. Charles franchissait souvent la distance de deux lieues qui sépare le château de la petite ville. Il était toujours accueilli avec joie. La noblesse, fidèle à l'ancien régime, et hostile aux idées nouvelles, tenait quelque peu rigueur à M. de Marolles de ce qu'on appellerait aujourd'hui son ralliement à la Constitution de 1791, tandis que son fils Charles, officier des armées royales, revenait de ses campagnes lointaines avec la double auréole de la bravoure personnelle et de la disgrâce d'un pouvoir odieux. Il était sympathique non seulement à l'aristocratie, mais à toute la jeunesse du pays.

L'occasion se présenta bientôt pour lui de recueil-

lir un témoignagne flatteur de sa popularité. Le
1ᵉʳ septembre, fut publié le décret de la Convention
ordonnant une première réquisition de conscrits
pour la formation de nouveaux bataillons. On
sait que la nomination des officiers était à l'élection. Par acclamation, Charles fut élu lieutenant,
et son frère Balthazar, sergent-major. Un pareil
choix ne pouvait que porter ombrage aux Jacobins.
L'élection fut dénoncée au Comité de Salut public
et, le 26 septembre, le commissaire de la Convention, Dubouchet, passant en revue à Faremoutiers
les troupes de la première réquisition, destitua les
deux frères, en même temps que le jeune Pinon,
comme indignes, en leur qualité de nobles, de
servir la République.

Charles et Balthazar revinrent donc à Marolles,
heureux de retrouver leurs parents, mais attristés
de leur inactivité forcée. Il est permis de croire
que leur mère, tout en s'indignant contre l'ostra-
cisme dont ils étaient l'objet, bénissait au fond du

cœur la circonstance qui les ramenait près d'elle, et leur épargnait la douleur de combattre peut-être contre des émigrés.

Cette joie ne fut pas de longue durée. Déjà des nouvelles alarmantes étaient venues de divers côtés.

Une commission du Comité de Salut public avait été envoyée à Faremoutiers pour arrêter un abbé Aubry accusé d'avoir dit devant des Jacobins qu'on en reviendrait à nommer un roi. Mais les jeunes gens du pays l'avaient pris sous leur sauvegarde, et s'étaient opposés à son arrestation.

Le 26 septembre, sept personnes suspectes avaient été jetées en prison à Rozoy. Le même jour on écrouait le baron et le vicomte de Montesquiou. Le lendemain, furent arrêtés à Coulommiers le curé assermenté Le Bas, M. Auban, M. Maulnoir, juge de paix, M. de la Guillaumie, M. Mondollot, M. de la Boulaye, M. Le Roy de Crepy, M. de Baulny, M. de Montanglaust, le chevalier de Moutis.

Les scellés avaient été mis chez tous les détenus
et chez M. Quatre-Solz de la Hante, absent. Le
28, nouvelles arrestations : MM. de l'Herbé, de
Longpré, Michelin, Igonet, Mmes Després, Blancheton, Gillet. Le 29, M. Le Roux, M. Dujas, de
Boissy, Mme Grelet. Le 30, on apprenait la détention du marquis de Guerchy à Nangis, de M. Chau-
vigny de Guerbois à Saint-Cyr, et de M. Florent,
un aide de camp de Dumouriez. Le 3 octobre,
Mmes de Varennes et de la Hante étaient arrêtées
à Coulomniers.

Ce fut bientôt le tour des châtelains de Marolles.

Le 10 octobre au soir[1], la famille était réunie
dans le salon et s'apprêtait à monter dans les
chambres à coucher, quand tout à coup on entend
dans la cour du château un cliquetis d'armes et
des pas de chevaux. Un domestique effaré entre

---

1. Cette date n'est pas absolument certaine, mais elle paraît probable d'après le *Journal* de M. de Fleigny, dont il
sera parlé plus loin.

dans le salon, et annonce l'arrivée d'un détachement de hussards de la Mort commandé par un officier. M. de Marolles fait ouvrir la porte, et se présente devant la troupe. Alors un commissaire du Comité de Salut public s'avance et lui signifie un mandat d'arrêt portant son nom, celui de sa femme et de son fils aîné. Immédiatement ils sont appréhendés au corps et placés dans une charrette sans qu'on leur laisse le temps de se munir des objets nécessaires. Les scellés sont apposés sur les meubles, et les deux jeunes fils, Balthazar et Stanislas constitués gardiens des scellés.

Les détenus furent dirigés sur La Ferté-Gaucher, chef-lieu de canton, et subirent une longue détention, tandis que s'opérait, dans leur demeure, la perquisition qui devait amener la saisie des lettres rapportées ci-dessus. C'est sur ces lettres que fut basée l'inculpation de complot contre la République, formulée par le Comité de Surveillance de Rozoy.

M. de Marolles fut mis en liberté au bout de quelques jours, la perquisition n'ayant pas relevé de charges contre lui. Il revint à Marolles retrouver ses deux jeunes fils. Les Jacobins n'en voulaient qu'à sa femme et à son fils aîné.

VI

LES OTAGES DU ROI

VI

LES OTAGES DU ROI

L'arrestation de M. de Marolles et de sa famille
avait produit, dans la contrée, un sentiment de profonde stupeur. Sa popularité, son caractère affable
et conciliant semblaient devoir le protéger contre
les dénonciations, et la dignité de vie de sa femme
et de son fils aurait pu, dans un temps normal,
écarter de leur personne tout soupçon de manœuvres
criminelles. Mais de pareilles considérations n'ar-
rêtaient pas les Jacobins. Le régime de la Terreur
fonctionnait activement, et la loi des suspects était
appliquée avec d'autant plus de rigueur dans la
région de Coulommiers qu'on la considérait comme
étant le centre d'une dangereuse réaction contre-

révolutionnaire. Elle a mérité le nom de « Petite Vendée » qu'on lui donnait dès cette époque.

En remontant de quelques mois avant les événements que l'on vient de lire, nous trouvons chez l'un des habitants de la petite ville un trait de fidélité au roi qui se rattache à un épisode peu connu, celui des « Otages de Louis XVI et de sa famille. »

M. Huvier des Fontenelles, le poète joyeux dont nous avons cité quelques vers extraits d'un recueil plus que léger, a laissé son nom attaché à cet épisode, prouvant, par un acte de dévouement à ses convictions royalistes, que la pratique du gai savoir n'excluait pas chez lui les sentiments généreux et l'abnégation dans le devoir.

Voici dans quelles circonstances se produisit cette manifestation de fidélité.

Après la fuite de Varennes, sur l'appel de M. de Rozoi, habitant de Toulouse, rédacteur de la *Gazette de Paris*, plus de mille Français se présen-

tèrent et offrirent leur liberté et leur tête comme
garantie contre une nouvelle évasion. M. Huvier
des Fontenelles fut un de ces hommes dévoués
jusqu'au sacrifice.

La liste de ces « otages » a été publiée en partie
par l'un d'eux chez Pillet, imprimeur-libraire,
5, rue Christine, sous ce titre : *Les Otages de
Louis XVI et de sa famille*[1].

L'appel de M. de Rozoi est des 10 et 11 juillet 1791.
Dans un article très ému, il compare la situation
de Louis XVI à celle de Charles Ier d'Angleterre,
et avec une sorte d'accent prophétique il s'écrie :
« Mon Dieu, sauvez mon roi et son auguste moitié, sauvez son fils ! Quel nom d'Elisabeth se fait
encore entendre ?... » Chose remarquable, il a
le pressentiment de la mort du roi, de la reine,
du dauphin et de la sœur du roi, mais il ne

---

1. Ce petit livre est très rare. L'exemplaire qui nous a
été communiqué appartient à M. le colonel Ogier de
Baulny.

nomme pas Madame Royale, la seule de la famille qui fut épargnée.

Il conclut en disant que, devant la proposition criminelle de déclarer la déchéance du roi, il se propose de faire une pétition à l'Assemblée Nationale, portant que tous les vrais royalistes s'offrent comme otages, et que l'Assemblée est bien sûre que le roi ne quittera pas le royaume, lui qui n'a voulu, ni le 6 octobre 1789, ni le 20 juin 1791, exposer un seul de ses sujets à périr pour sa défense. Ces otages demanderont « d'avoir pour retraite un lieu désigné, tel, par exemple, que l'ancienne Ecole militaire. Là, tous les sujets fidèles, reçus pour otages, se livreront à tous les exercices qui leur sont le plus chers. Cette enceinte auguste fera souvenir du tableau que fait *Virgile* des *Champs-Elysées ;* tous les êtres heureux s'y trouvaient rassemblés, s'y occupaient encore de leurs travaux favoris. Chaque matin, autour de la statue de Louis XV, les otages se réuniront pour lui dire : « Nous sommes ici pour garantir à la France la liberté de ton auguste petit-fils. Nous sommes ici autant de victimes expiatoires. »

M. de Rozoi ajoutait que, dès qu'il aurait reçu deux cents signatures, il rédigerait la pétition et signerait le dernier.

Dès la publication de cet appel, les adhésions arrivent, toutes rédigées dans le style le plus enthousiaste. Le premier est le marquis d'Espagne, brigadier des armées du roi, puis MM. Touzellier, Guilbert de Montdejeu, gardes du corps de Monsieur, le chevalier d'Antibes, le baron de Pélissier-Viens, gentilhomme provençal, capitaine de cavalerie, Le Corgne de Launay, lieutenant de cavalerie, Bernard de Tachainville, président honoraire de la Cour des Aides, de Balsac, officier, l'abbé de Monteil.

Des femmes veulent aussi partager le sort des otages. La pétition s'exprime ainsi à leur égard, dans le style particulier de l'époque :

« Un sexe sensible demande à partager avec le nôtre l'honneur de ce beau dévouement. Le lycée royal de Saint-Cyr ou le Val-de-Grâce, pourrait servir à rassembler les otages de ce sexe, qui lui-même m'autorise, Messieurs, à vous désigner l'une de ces deux retraites. »

Le nombre des adhérents augmentait chaque jour. M. de Rozoi en publiait la liste dans la *Gazette de Paris*. Soudain un incident tragique vint suspendre cette publication.

Six jeunes gens d'Auxerre inscrits comme otages, furent arrêtés et menacés de mort par la populace à qui on avait fait croire qu'ils voulaient « faire payer le sel douze sous et demi la livre ». Il fallut, pour les sauver, l'intervention de la garde nationale et la promesse qu'ils passeraient en jugement. On les tint en état d'arrestation.

Dans ces conjonctures, M. de Rozoi crut devoir suspendre la publication des listes, parce que, dit-il, « les mêmes cris de douleur dont la ville d'Auxerre a retenti, pouvaient, dans mille endroits à la fois, épouvanter *la nature et l'hymen*. »

Mais cette réserve prudente ne faisait pas l'affaire des ardents royalistes qui voulaient donner leur vie pour leur roi. Les noms arrivaient toujours. Le marquis d'Espagne, le premier signataire de la liste, écrivait au Garde des Sceaux pour lui offrir de prendre, avec ses cinq fils, la place des six détenus d'Auxerre. Des prêtres, des militaires, des négociants, des gens de toutes conditions demandaient à s'inscrire, malgré le danger qu'ils n'ignoraient pas. On insistait sur la nécessité de prendre des mesures pour assurer la liberté du roi au moment où il allait être mis en demeure d'accepter ou de refuser la Constitution élaborée par l'Assemblée Nationale.

Cette raison parut décisive, et M. de Rozoi publia enfin une nouvelle liste en seize colonnes. En même temps, il écrivait au Président de l'Assemblée Nationale pour le supplier de soumettre à cette Assemblée la pétition des otages, afin de laisser au roi toute sa liberté.

À ce moment une grave question fut soulevée. Dans une lettre fortement motivée, M. de Rode, président à mortier du Parlement de Metz, fait remarquer que la constitution des otages présente le danger d'entraver la liberté du roi, dans le cas où une circonstance s'offrirait pour lui de se mettre en sécurité et hors des mains de ceux qui entravent sa liberté. Alors il propose de demander au roi sa *parole d'honneur* que, le cas échéant, il préférerait le salut de la France à la vie des otages, et n'hésiterait pas à recouvrer sa liberté. Quand il serait en sûreté, on déclarerait publiquement la clause secrète pour décharger la responsabilité du roi. Naturellement cette lettre ne fut pas livrée au public, mais le nom de M. de Rode fut inscrit sur la liste. La nouvelle clause fut portée à la connaissance des intéressés, et les noms continuèrent à affluer. Désormais c'était bien le sacrifice de sa vie que chacun était décidé à accepter.

Cependant les otages d'Auxerre étaient toujours en prison. Le moment de leur justification vint enfin, et le Tribunal d'Auxerre, bravant les clameurs populaires, rendit un jugement d'acquittement avec ordre de mise immédiate en liberté. Mais la fureur de la populace excitée par les Jacobins était telle, qu'il fallut les garder quelques jours encore en prison, et les faire évader secrètement.

Le jugement du Tribunal d'Auxerre est daté du 25 août, anniversaire de la fête du roi. Les magistrats avaient, paraît-il, choisi ce jour comme un hommage rendu au souverain pour lequel les otages s'étaient dévoués. Cette délicatesse de procédé est d'autant plus remarquable que le jugement lui-même était un acte de courage, compromettant pour la sécurité des juges.

A propos de ce jugement, le Garde des Sceaux écrivit au Tribunal une lettre très digne qui mérite d'être conservée : « J'entrevois, disait le ministre, par quelques détails de votre lettre, que l'opinion populaire les condamne hautement. Mais serai-je forcé de vous dire que les juges ne sont pas des esclaves de l'opinion populaire, qu'ils doivent se montrer inaccessibles aux préventions qui les environnent; qu'au milieu des passions qui s'agitent autour d'eux, ils ne doivent connaître pour guide que la loi, et que, pour assurer son exécution, surtout lorsqu'elle protège, il n'est pas de danger que leur devoir ne leur commande de braver. »

Un pareil langage était digne d'un ministre de la monarchie, et rappelle les traditions de l'ancienne magistrature. Il convient de conserver le nom de celui qui dictait ces lignes. C'était Dupont du Tertre, nommé par le roi ministre de la Justice le 20 novembre 1790. Né à Paris, le 6 mai 1754, il avait été reçu avocat en 1777. Lors de la malheureuse fuite de Varennes, il se présenta à l'Assemblée pour déposer le sceau de l'Etat, mais l'Assemblée lui ordonna de le reprendre, et il fut forcé de signer le mandat d'arrestation de Louis XVI. Il quitta le ministère en 1792, fut arrêté après le 10 août, et exécuté, avec Barnave, le 29 novembre 1793.

Le but principal que poursuivaient les otages était de procurer au roi le moyen de délibérer en pleine liberté sur l'acceptation ou le refus de la nouvelle Constitution. Le moment approchait où Louis XVI aurait à prendre cette grave décision. Les royalistes fidèles désiraient ardemment qu'elle fût négative. Ils considéraient la nouvelle charte comme essentiellement attentatoire à la dignité royale et aux traditions de la France.

Aussi multipliaient-ils leurs démarches pour donner au dévouement des otages toute son efficacité, en faisant accepter leur garantie par l'Assemblée Nationale.

Mais ils se heurtaient devant une mauvaise volonté évidente, et ne pouvaient obtenir que leur pétition fût mise à l'ordre du jour. Ni l'appui de M. Malouet, ni celui du chevalier d'Antibes n'obtenaient de résultat ; demandes, sollicitations, prières, supplications, rien ne fut épargné. On ne leur répondait même pas.

Tout à coup on apprit que le roi avait accepté l'acte constitutionnel, et promis de le faire exécuter.

Dès lors, le rôle des otages n'avait plus de raison d'être, le projet en resta là.

Le roi eut-il connaissance de ce généreux dessein, et en manifesta-t-il sa reconnaissance? L'affirmative est vraisemblable, mais aucun document positif n'en donne la preuve.

Il fut bien question de la création d'un Ordre spécial aux otages : *l'Ordre de famille*, et chacun d'eux reçut une gravure en médaillon représentant le roi. On pensait généralement que ce souvenir avait été envoyé par les soins de M. de Rozoi.

De ces faits, ce qui reste de réel et d'incontestable, c'est la liste des fidèles qui s'étaient offerts, liste qui figure dans le livre où ont été puisés ces détails.

Elle compte 347 hommes et 63 femmes.

En tête, se place, comme chef des otages, M. de Rozoi, citoyen de Toulouse, membre de plusieurs académies, et comme aumònier, M. l'abbé Monteil.

On y trouve M. de la Boulaye dont la famille est souvent citée dans les lettres de Mme de Marolles.

Le nom de M. Huvier des Fontenelles n'y figure pas. Cependant il faisait partie des otages, ainsi qu'en justifie une lettre de convocation qui est adressée à son nom en cette qualité, par le doyen des otages, M. Regnaud, de Paris, le 15 janvier 1815.

Cette liste est loin d'être complète, et d'autres noms devaient être fournis dans une deuxième publication.

On n'y rencontre aucune personnalité historique notable, mais beaucoup de nobles, quelques prêtres, quelques commerçants. Plusieurs de ces noms sont accompagnés de protestations touchantes, où les signataires offrent le sacrifice de leur liberté et de leur vie pour le roi.

La divulgation des noms des otages par la voie du journal de M. de Rozoi fut un arrêt de mort pour plusieurs d'entre eux. Nous ignorons comment M. Huvier des Fontenelles échappa au danger auquel il s'était exposé.

En revanche, un grand nombre de ses concitoyens, moins compromis que lui, n'eurent pas le même bonheur, ainsi qu'on le verra dans la suite de ce récit.

VII

LA PETITE VENDÉE

VII

LA PETITE VENDÉE

L'épisode dramatique du château de Marolles
se rattache aux événements qui se sont passés
à Coulommiers pendant la Terreur, et dont
M. Wallon a fait un chapitre de son « Histoire
du Tribunal révolutionnaire », sous le titre de
« la Conspiration de Coulommiers [1] ».

Il n'y eut pas de conspiration dans le sens
propre du mot, mais bien une courageuse résistance des honnêtes gens contre la tyrannie des
Jacobins du lieu, d'où le nom plus exact de
« Petite Vendée » dont fut honorée la contrée à
l'époque.

---

1. Tome II.

Il existe aux Archives nationales un dossier du plus haut intérêt pour l'étude de cette période d'histoire locale, c'est une série de petites feuilles volantes, de fiches en mauvais papier, où sont relatés au jour le jour les faits qui se sont passés à Coulommiers depuis le 1er janvier jusqu'au 10 octobre 1793[1].

Ces écrits sont de la main de M. Louis Aubert de Fleigny, beau-frère de M. Quatre-Solz de la Hante, et très lié avec Charles de Marolles. Il était alors âgé de vingt-huit ans, et avait épousé Mlle Mondollot. Il habitait avec son père un bel hôtel situé dans le centre de la ville et appelé le Petit Château[2].

On trouve dans ces notes journalières l'impres-

---

1. C'est à M. l'abbé Vernon que nous devons la communication de ce curieux dossier, dont il a pris la peine de relever la copie complète.

2. Cet hôtel appartient aujourd'hui à la famille de Maussion, la fille de M. Aubert de Fleigny ayant épousé M. de Maussion.

sion du moment, sans recherche de style, sans réflexions. Les faits intimes s'y mêlent aux événements publics, c'est la vie prise sur le fait.

Nous voyons par exemple des détails de ce genre :

7 janvier.

Reprise des assemblées de Mlles de Mauroy ; elles étaient suspendues depuis le mois de septembre dernier.

18 janvier.

M. de Montferrand fait présent à moi et à ma femme d'un moutardier d'argent guilloché, en donnant pour motif que c'était un petit présent destiné par Mme Duguet à notre mariage. Ce petit présent est fait en reconnaissance de l'acquisition de Villers.

17 février.

M. du Sommerard quitte la maison de M. de la Hante. M. Pigault lui procure une place de surnuméraire dans les Domaines, de six cents livres.

2 avril.

M. de Marolles loue sa maison, sise rue des Gaillardets, à M. Pinon, chevalier de Saint Louis, par bail de trois, six ou neuf.

19 avril.

Connaissance faite avec M. du Perron, ami de Marolles.

25 avril.

On fait la vente du mobilier à l'usage commun des religieuses.

27 avril.

Mort de M. Piat, notre procureur, excellent homme, l'exemple de l'union conjugale, et bien intéressé envers ses clients. Il meurt âgé de soixante-cinq à soixante-six ans, laissant sept enfants, trois filles et quatre garçons.

11 mai.

Ma femme va à Meaux pour la première fois depuis notre mariage.

25 mai.

Mme de Montanglaust quitte la maison de Mme de Marolles, laquelle est occupée par M. et Mme Pinon et leur fils âgé de dix-huit à dix-neuf ans.

31 mai.

Les vignes sont en partie gelées dans la nuit du 30 au 31 mai.

1ᵉʳ août.

Second concert ordinaire de tous les jeudis chez M. de la Guillaumie, dont le premier commença le 25 juillet. M. (de Marolles)[1] est le plus fort de tous. Son instrument est la flûte. »

N'est-ce pas un fait bien caractéristique de la légèreté de l'époque, que ce concert en pleine Terreur, six mois après la mort du roi, dans cette maison aristocratique, marquée comme suspecte, et elle-même en deuil d'un fils et d'une sœur.

On a rencontré ce nom dans les lettres de Mᵐᵉ de Marolles. Le fils était à Saint-Domingue avec Charles. Or on trouve, dans le journal de

---

1. Le nom est mal orthographié, mais il s'agit vraisemblablement de Balthazar qu'on a vu, dans les lettres de sa mère, prendre des leçons de flûte pendant le séjour à Paris.

M. de Fleigny, cette mention à la date du 22 *janvier*.

« La Guillaumie, l'aîné des garçons, meurt à l'âge de....., officier dans le régiment de Royal-Comtois, ayant passé à Saint-Domingue. Il eut une peur fort vive des nègres, et fut pris d'une fièvre inflammatoire assez commune dans cette contrée, qui lui affecta la poitrine, et dont il meurt ce jour, à trois heures et demie du soir. C'est le premier qui étrenna le registres de l'officier public, M. Thomé, ouvert ce jour.

3 février.

La sœur de M. de la Guillaumie, le père, ci-devant religieuse à Jouarre, sous le nom de Saint-Théodore, la seule vivante faite par Mme l'abbesse, princesse de Montbazon, meurt âgée de soixante-dix-huit ans, des suites d'un coup de sang, en vingt-trois heures. Elle était à Coulommiers depuis cinq mois. Dès avant, elle était dans une espèce d'enfance. »

Chose singulière, dans ce journal qui relate les impressions produites par les faits contemporains, il n'est pas parlé de l'exécution de Louis XVI. La seule allusion à cet événement se trouve dans la note suivante, à la date du 17 *février* :

Les personnes sensées qui aujourd'hui composent la majorité du Corps de ville se refusent à signer une adresse de félicitations à la Convention nationale sur le jugement à mort de Louis XVI, et refusent de suite le 18 et le 19. »

Ce refus fit grand bruit. Peu de villes avaient osé protester ainsi par leur silence, contre l'attentat du 21 janvier. Malgré tous les efforts des Jacobins, la majorité du Conseil de la Commune était demeurée modérée, ce qui exaspérait Montflobert. Maire depuis plus d'un an, il voyait ses excitations révolutionnaires demeurer impuissantes grâce à l'esprit conservateur de ses concitoyens. Il n'épargnait pourtant rien pour s'entourer de gens de son espèce. Il reniait son nom comme trop aristocratique, et se faisait appeler *Dix-Août.*

Il ne manquait aucune occasion de manifester sa haine contre les aristocrates, et de la communiquer à ses collègues.

Le 26 *février*, on lit à l'Assemblée de la Commune une lettre circulaire du Directoire du district de Rozoy, signé Vimeur, en date du 23 février, adressée aux pères et mères des enfants émigrés, par laquelle on leur demande six cent vingt-deux francs, en vertu de la loi du 12 septembre 1792. Les personnes suspectes d'émigration sont M. Prévost, l'aîné, officier du Génie, M. du Tillet, le fils, M. de Baulny, le fils aîné, M. le chevalier de Montanglaust, Quatre-Solz et M. de Varennes.

Le 3 *mars*, la municipalité arrête et approuve l'élection d'un club.

Le 6 *avril*, la municipalité fait en grand appareil la proclamation du décret de proscription .contre Dumouriez, et la lecture d'une proclamation des personnes suspectes d'aristocratie, leurs dénonciations et leurs arrestations. Le cortège était précédé d'un détachement de gendarmes et de gardes nationales ; les officiers

municipaux au milieu, et un second détachement de
la garde nationale fermait la marche.

Le 24 *avril*, par une dénonciation faite par le Club
des Jacobins au Ministre de l'Intérieur, de la municipalité, du Département et de la Justice, la municipalité du
Conseil général jure de mourir à son poste plutôt que
d'abandonner leur poste. Cette manœuvre des Jacobins
est faite pour dégoûter les municipaux de leur place.

Il circule une liste de personnes suspectes par les
Jacobins pour provoquer la municipalité à faire le dé-
sarmement des ci-devant nobles.

Malgré tout, la ville restait attachée à ses
pratiques religieuses. Quoique assermenté, le
curé, M. Le Bas, tenait à maintenir l'éclat des
cérémonies du culte.

Le 5 *mai*, on célèbre pour la première fois la fête de
la translation des reliques de sainte Foi à la paroisse.
On dit la messe paroissiale à huit heures, et celle de
sainte Foi à dix. Elle est suivie de la procession de la
châsse, de deux petits saints qui tiennent la châsse.
La procession fait le tour de la ville en passant par

Sainte-Foi, et revenant par la rue Basse. Le soir les paysans dansent sur la place de Sainte-Foi.

Un pareil état de choses ne pouvait durer. Il fallait frapper un grand coup.

Le 12 mai, paraît un arrêté municipal ordonnant l'enlèvement des signes et vestiges de la féodalité sur tout le territoire de la commune. Deux Jacobins forcenés, membres de la municipalité et du Club révolutionnaire, Leduc et Précelle, sont délégués pour procéder à l'exécution de l'arrêté. Ils remplissent leur tâche avec une brutalité grossière, démolissant tout ce qui porte des fleurs de lis, des armoiries, des inscriptions nobiliaires. En l'absence du curé, ils enlèvent les vitraux de l'église, décrochent les tableaux, grattent les sculptures, pillent les ornements, brisent les croix du cimetière.

L'indignation causée dans la ville par ces actes de vandalisme fut profonde, et donna lieu à une manifestation courageuse que M. de Fleiguy raconte ainsi :

19 mai.

Les horreurs qui se sont commises la semaine dernière dans l'église, les fleurs de lys arrachées de toutes parts sur les croix, les sacrilèges commis par les Jacobins sur les vierges de l'église, portent plusieurs femmes, par un zèle religieux, à allumer un cierge à chaque autel de la sainte Vierge, en réparation de cet attentat, et de faire une quête dans toute la ville pour ce luminaire et le rhabillement de la sainte Vierge.

Les personnes qui s'étaient mises à la tête de ce mouvement étaient de modestes femmes d'artisans ou de petits commerçants. Elles ne s'en tinrent pas à une simple protestation, et donnèrent une verte leçon aux briseurs de croix.

L'un d'eux, Leduc, était chantre à l'église paroissiale, ce qui constituait alors une fonction honorable et bien rétribuée. Il était, de plus, maître d'école. Après les actes d'impiété qu'il avait com-

mis, il osa se présenter à l'église le dimanche suivant, 21 mai, accompagné de Dejouy son collègue,
jacobin comme lui.

Alors quelques femmes énergiques, ayant à leur
tête Mme Blancheton et Mme Deltombe s'approchèrent
des chantres et leur dirent : « Messieurs, nous vous
prions de sortir de l'église, et de n'y plus revenir,
car nous avons une religion que nous voulons
soutenir, et nous ne voulons pas que vous y por-
tiez scandale. Retirez-vous sur-le-champ. » Inti-
midés par ce langage ferme et par l'attitude hostile de l'assistance, Leduc et Dejouy furent pris de
peur et se retirèrent aux applaudissements et sous
les huées de toute l'assemblée.

Cette scène avait lieu le dimanche matin. Dans
l'après-midi, se tenait l'assemblée du Conseil général de la commune. Les deux chantres avaient eu
le temps de rédiger une plainte écrite contre les
personnes dont ils avaient subi les rigueurs; ils en
firent donner publiquement lecture, réclamant

contre l'illégalité de la mesure dont ils avaient
été l'objet. Mais les braves paroissiennes assistaient
à la séance. Elles se présentent hardiment à la
barre, demandent et obtiennent la parole. Elles re-
connaissent avoir empêché Leduc et Dejouy de
chanter à la paroisse, mais elles étaient dans leur
droit « parce que, disent-elles, les fidèles ne veulent
pas d'eux, qu'ils sont à leur choix, et qu'ils ont
le droit d'en changer, si bon leur semble[1] ».

Le cas parut grave au Conseil général. On remit
la décision au jeudi suivant. Les chantres vinrent
renouveler leur plainte, les femmes soutinrent éner-
giquement leur droit, et, après discussion, le Conseil, dans une délibération longuement motivée,
se déclara incompétent, et renvoya les chantres à
se pourvoir devant qui de droit. Il était dit, entre
autres motifs « que la discussion particulière élevée à l'église entre quelques citoyens et lesdits

---

1. Procès-verbal de la séance du 21 mai.

Dejouy et Leduc a bien pour cause un scandale religieux, mais n'a occasionné aucun désordre extérieur et public, qu'il n'y a eu aucun ameutement du peuple, que les claquements de mains dont se plaint Leduc, ce qui d'ailleurs n'a eu lieu que dans l'enceinte où étaient réunis les fidèles, ne peut être regardé que comme une approbation de ce qui leur avait été dit par la citoyenne qui est qualifiée de présidente. »

Cet échec ne suffit pas aux obstinés fonctionnaires de l'église. Le 25 ils reviennent au lutrin. Celles qu'on nommera désormais « les Saintes femmes » les mettent de nouveau à la porte. Le vicaire Le Fort monte en chaire, et fait un sermon sur le respect dû au saint Lieu.

Le 25, les « Saintes femmes » font célébrer l'office du Rosaire en réparation des sacrilèges commis à l'église par les Jacobins. Les chantres ne s'y présentent pas. Il y a un pain bénit; les Jacobins sont du côté de saint Nicolas, à la messe, et les non-Jacobins du côté de la sainte Vierge.

Le 29, les chantres se font encore une fois chasser de l'église. Alors les Saintes femmes adressent à la municipalité une pétition pour obtenir une assemblée générale de tous les habitants à l'effet de nommer des chantres et de statuer sur la réparation des vitraux. Le soir même, un rassemblement d'hommes et de femmes se fait dans la ville, et parcourt les rues, s'arrêtant devant la porte de chaque Jacobin pour chanter une chanson composée contre eux sur l'air de la Carmagnole, et crier : « Vive la nation ! Au diable les Jacobins ! »

Le 2 juin, l'Assemblée générale de tous les habitants est tenue à l'église Sainte-Foi, sous la présidence du curé constitutionnel, Le Bas. L'expulsion des chantres Leduc et Dejouy est acclamée, et leurs successeurs sont nommés. On décide que la paroisse fera provisoirement remettre les vitraux, et on répartit les frais sur les plus ardents destructeurs.

Vainement Leduc et Dejouy portèrent plainte devant M. Maulnoir juge de paix, ils furent déboutés. La bonne cause avait le dessus.

Ce fut une joie générale dans la ville.

Le 6 juin était l'octave du saint Sacrement.

Ce jour-là, dit le *Journal* de M. de Fleigny, les corps constitués, la municipalité, le tribunal assistent à la procession de la Fête-Dieu. La garde nationale était aussi plus complète. Cette procession se fait avec pompe et un déploiement extraordinaire dans la circonstance critique où nous nous trouvons.

Le soir, au salut, un détachement de la garde nationale va chercher Mme de la Guillaumie pour y faire une quête qui rapporte trente-deux livres et quelques sols.

N'est-il pas extraordinaire, en effet, de voir au mois de juin 1793, une procession parcourir les rues d'une petite ville de France, et le saint Sacrement escorté par les principales autorités locales!

Cependant les deux chantres expulsés n'avaient pas abandonné la lutte. Battus par les femmes, battus à la commune, battus devant le juge de paix, ils s'étaient adressés au département. On avait envoyé deux commissaires enquêteurs. L'enquête n'avait pas tourné à leur avantage. Il fallait recourir aux moyens violents pour écraser la réaction. Ce fut l'œuvre de Cordier, député à la Convention, et du maire, Le Roy de Montflobert, maintenant *Dix-Août*.

Ce dernier venait d'être nommé juré suppléant au Tribunal révolutionnaire. Il n'avait pas pour cela donné sa démission de maire, mais il avait fait désigner un membre de la municipalité pour le remplacer pendant son absence. A partir du 23 mars, le registre des délibérations ne porte plus sa signature. Il était en bonne situation pour travailler à l'épuration de ses administrés.

Dès le 17 juin, on voit arriver à Coulommiers deux commissaires du pouvoir exécutif, Dere-

naudes et Coutel, suivis dès le lendemain de deux
délégués du Comité de Salut public, Le Carpen-
tier et Feneaux. Ils provoquent une assemblée générale de la commune où comparaissent les Jacobins invités à s'expliquer sur leurs griefs. Le
procès-verbal de cette assemblée mentionne la
dénonciation adressée à la Convention par le député Cordier et le maire Montflobert contre l'insurrection qui s'était manifestée à Coulommiers, par
suite de laquelle les patriotes étaient opprimés.
Les commissaires invitent les citoyens au respect
des lois, à ne point parler de religion dans les
assemblées, à ne rien faire qui puisse troubler les
habitants.

Le 20 *juin*, à neuf heures du matin, réunion du
Conseil général de la commune pour corriger la
rédaction du procès-verbal de la veille; le nouveau
texte adopté est tel que le Club des Jacobins ne puisse
subsister. La lecture en est faite au son du tambour sur
la place publique, vers une heure de l'après-midi. Aus-

sitôt plusieurs Jacobins, entre autres Dejouy, le chantre, donnent leur démission. Leduc résigne ses fonctions municipales.

Le parti de la contre-révolution avait donc encore le dessus.

Aux élections des officiers de la garde nationale, tous les choix se portaient sur des nobles. M. Aubert de Fleigny était nommé lieutenant, et avait pour capitaine M. Le Roy des Bordes. La Compagnie de la rue Basse, qu'on appelait la Compagnie de la Vendée, avait choisi pour capitaine M. Huvier du Mée, et pour lieutenant M. Perrin. Ce nom de Vendée avait été donné à la rue Basse où habitaient la plupart des « Saintes femmes ».

Celles-ci étaient l'objet des plus grands éloges. On attribuait à leur attitude énergique la bonne harmonie qui régnait alors dans la ville. On se croyait délivré des Jacobins.

Le 9 juillet, sur leur initiative, eut encore lieu

une imposante cérémonie publique. On avait annoncé que les tableaux appartenant aux religieuses allaient être saisis et mis en vente. Les « Saintes femmes » se rendent en groupe au couvent, se font remettre les tableaux, et les apportent processionnellement à la paroisse, en faisant le tour de la ville, précédées des tambours, et au son des cloches. Toute la population les accompagnait. Ce fut un triomphe.

Le 14 juillet, des prières publiques sont faites pour obtenir de la pluie. À 7 heures du matin, le clergé porte processionnellement la Vierge de Notre-Dame-de-Bon-Secours, et va planter une croix sur la limite de la commune. Le vicaire de Mouroux fait un sermon qui produit un grand effet.

Le calme semblait rétabli dans la ville; pendant quelque temps, les Jacobins se tinrent tranquilles, et l'élément pacifique de la municipalité conserva la prépondérance.

Le 10 août, anniversaire de l'arrestation du roi,

fut fixé pour fêter l'acceptation de la nouvelle
Constitution.

Voici comment M. de Fleigny raconte le fait :

10 août.

Fête de la fédération générale de la Réunion, pour
célébrer l'acceptation de la Constitution républicaine
pour toute la République. Cette fête, où la religion ne
paraît pour rien, consiste en une station de la municipalité, présidée et suivie de toute la garde nationale,
les autorités constituées et plusieurs ci-devant nobles
invités à s'y rendre désarmés, à l'arbre de la liberté
où on chante une hymne à l'acte constitutionnel sur
l'air de l'hymne des Marseillais, au son des cloches,
des roulades de tambours à chaque refrain. De là, la
municipalité alla à la place du Marché où on répéta
l'hymne de la Constitution, pendant que la municipalité allume le feu de joie préparé à cet effet. Ensuite
elle se rendit dans le même ordre sur les petits fossés,
où elle avait fait préparer une toile ; là le président de
la municipalité, M. de la Plumasserie, le président du

tribunal, M. Solvet, le juge de paix, M. Maulnoir, et
le commandant de la garde nationale, M. Galette-
Renard, dansèrent une contredanse, pour en faire
l'ouverture.

En général, le peuple prend peu de part à cette
fête, dans un moment où il se trouve accablé de
malheurs de toutes parts; aussi n'illumine-t-il pas.

La grosse préoccupation du moment était la
question des subsistances. Il venait de Paris .
d'énormes réquisitions de blé; les municipalités
recevaient des ordres et répartissaient les contributions des particuliers. La crainte de la famine
et les soupçons d'accaparement s'accréditaient.

On trouve des traces de ce trouble dans le
Journal de M. de Fleigny.

10 juillet.

En vertu d'une réquisition de la municipalité qui
nous demande quarante boisseaux, nous les expo-
sons.

19 juillet.

Arrivée de trois commissaires du département pour

les subsistances. Arrestation de deux voitures de farines pour Paris, appartenant à M. Lemoine, du Marché.

24 juillet.

Réquisition verbale de trente boisseaux de blé de la municipalité. Nous n'y répondons pas cette fois.

31 juillet.

Nous mettons neuf boisseaux aux réquisitions. On tient une Assemblée générale de la commune pour les subsistances. On refuse aux commissaires de Rozoy et du département les grains pour Nemours, Fontainebleau et Paris.

13 août.

Un détachement de la garde nationale va à Chailly arrêter du blé à M. Vaugermez.

19 août.

Le peuple justement alarmé des enlèvements de blé qui se font chaque jour, de voir le blé nouveau aussitôt enlevé, aussitôt battu, se défiant du conflit des commissaires des différentes autorités constituées qui viennent des Département, District, Comité des Sub-

sistances de la ville de Paris, de la Convention, arrête
sur les trois heures du matin trois voitures de blé
venant du côté de Choisy, pour aller moudre chez
M. Faure, et de là conduites à Paris, les mène à l'Hôtel
de ville, où elles demeurent confisquées. A midi, le
peuple amène encore deux chariots de blé et farines
venant de la Ferté-Gaucher, et appartenant à M. Mer-
cier.

La municipalité assemblée momentanément au Conseil
général depuis neuf heures du matin jusqu'à dix heures
du soir, arrête qu'un chariot de farine sera vendu aux
habitants, que l'autre sera conduit directement au
Comité des Subsistances de Paris, que l'on montera
la garde auprès. Elle nomme deux de ses membres,
MM. Deshognaut et Lévêque, et la Société populaire,
M. Barré et deux de ses membres, pour aller à Paris
le lendemain, chargés de représenter aux divers
Comités, combien ces enlèvements affament le pays, et
la multiplication de commissaires, parmi lesquels il y
en a sans doute de faux.

19 août.

On remonte la garde à cause des subsistances, dans la
nuit du 18 au 19; le poste est au carrefour des deux

Portes, la Porte de Paris, et la Porte de Provins.

20 août.

Les boulangers se trouvent fort embarrassés pour contenter leurs pratiques ; ils ne distribuent que l'après-midi.

21.

Sur la demande des boulangers, il y a une garde à la porte de chacun d'eux, pour empêcher que les paysans d'au-delà de la municipalité ne forcent les boulangers pour en avoir.

Il n'y a que six sacs de blé sur le marché. La municipalité autorise le greffier, M. Sainte-Marie, à faire amener par les fermiers, sur réquisition, du blé au marché du 28 août.

22.

La municipalité fait des visites domiciliaires pour les farines et grains, dans toutes les maisons, en particulier de la Commune, pour voir s'il n'y en a pas de caché, et la quantité que chacun en a.

24.

Arrivée de dix-huit chariots pour charger des grains. Ils ne partent que le 25.

24 août.

Assemblée des habitants au son de la cloche pour entendre le rapport de la municipalité et des habitants, qui étaient allés à Paris pour les subsistances. Le rapport est considéré comme insignifiant.

Les Jacobins témoignent leur mécontentement de la composition de la municipalité actuelle, et leur désir de sa destitution au moins partielle.

On voit par ce qui précède que les Jacobins ne laissaient pas échapper l'occasion qui se présentait de jeter du discrédit sur leurs adversaires. Il est dans les habitudes des fauteurs de troubles de profiter des malheurs publics pour se faire une popularité.

Depuis leurs récents échecs, ils n'avaient pas perdu leur temps et avaient multiplié les dénonciations.

On a conservé une collection de lettres plus absurdes et plus menteuses les unes que les autres, où les événements de Coulommiers sont présentés comme des actes d'insupportable tyrannie contre les malheureux Jacobins.

Il y a entre autres un nommé Mondollot dont l'orthographe est à la hauteur du caractère, et qui se complaît dans une délation assidue. Voici le texte exact d'une de ses épîtres au citoyen Cordier, député à la Convention.

7 juin 1793.

Citoyens, je vous envoit tous les fest arivé dans notre ville jusqu'à ce joure. Je vous angage diremédier six sest à votre pouvoire, ille arrivera des assidants, je vous angage de voire le citoyen Turiaux que je prie de se joindre à vous. Nous avons anvoier au département lafaire est négligée et lafaire est sérieuse.

Votre affecsionné concitoyen.

MONDOLLOT.

A Coulommiers, ce 7 juin 1793, l'an 3 de la République.

Fète lunposible qui vienne quel quent de la convenssion vérifier les fest.

Au citoyen Cordier

Fest arrivé depuis et pandant le mémoire que je vous anvois qui a été anvoier au ditrique et au département.

Le sieur Curé a seu qu'il avez le desu a fée replasser le couperolle surmonté d'une couronne royale et un baton de croix parsemée de fleurs de lis.

Le procureur nationnalle s'est formé de son party sus un voille a fée retiré les clesfe de notre salle d'asamblée et a fée mettre nausefest à la porte.

Le curé a fest assamblé dans l'église Sainte-Foy de conserre avesque les auficiers meunicipaux de son party. Je vous envoie la proclamassion dans toutes les piesses.

Le curé s'est fée président, a fée reboure le graifiée et a été dy par le président que tous ceus qui voullet la détitussion des chantre et a lintan ille allée faire ditribué des aricot des deux couleure, les fame voulère vautée, ille leue a fée entendre qu'el ne le pouvet pas vu que l'on leure feré maussion haunorable au prossest verballe et aleinstent les cry reyterrée a bas les Jacobeins.

Le jour de lautave, la conduite qu'il ont teneu pour
la prossesion contre la loy défant à tout cor constituée
de se rassamblé pour parelle choze, party de la muni-
cipallité des mauvest citoyen onte été encore à la prossesion savoire Prévaux, Merlein, Gaux, Desnaux,
Besse et Drériaux, procureur de la commune pour faire
aparence de fanatique atendu qu'il ny aves pas étée le
jeudy davant.

Les juge de son party six son join qui est Solvest,
Narest, des Naviaux sans oublier le comisserre nasion-
nalle.

Les grenadiers de son party portest à leure bonnets
les arme royalle.

Il vous anvoie une lime (hymne) qui a été chanté au
calleut (salut). Vous en ferré l'usage qu'il convien.

Ces récriminations furibondes et grotesques
étaient vivement appuyées par le conventionnel
Cordier, et le maire Le Roy de Montflobert. Sur
leur insistance, la Convention envoya enfin deux
commissaires avec pleins pouvoirs. Il est intéressant de prendre sur le vif, dans les notes de

M. de Fleigny, l'impression produite par leur arrivée.

25 août.

Assemblée de la Commune et des habitants dans l'église de Sainte-Foi, pour y entendre les discours des députés de la Convention nationale, représentants du peuple dans les départements de Seine-et-Marne et du Loiret, les citoyens Maure et Dubouchet.

Ils rappellent au patriotisme, l'amour de la Constitution, le rétablissement du Club des Jacobins, l'établissement d'un Comité de Salut public. Ils font des reproches à toute la municipalité et aux autorités constituées, les tribunaux, d'être infectés de fanatisme et d'aristocratie.

Enfin, après une séance depuis quatre heures jusqu'à sept heures et demie, la séance finit sans procès-verbal ni conclusions. Leur principe, l'union et la tranquillité, et leurs discours sur ce principe, sont appuyés, dans de certaines parties, par les applaudissements unanimes des deux opinions qui partageaient les habitants.

26 août.

Seconde Assemblée de la municipalité et des représentants du peuple députés Maure, et Dubouchet.

Ils demandent un local pour le rétablissement du Club des Jacobins, auxquels ils invitent tout le monde d'opinion différente à y aller et la convocation des habitants en assemblée primaire pour la nomination de douze membres à l'effet de composer le Comité de Salut public.

Les députés représentants sont si mécontents de la municipalité, qu'ils continuent d'inculper et de dénoncer, que Dubouchet dit que, doutant de la ville, avant peu ils reviendraient avec une armée de quatre cents hommes mettre la ville et les riches à la hauteur de Paris pour l'opinion républicaine.

Cette séance, comme celle de dimanche, fut troublée par des paroles et par des voies de fait, principalement vers la fin de la séance.

Les députés partent vers les trois heures par la poste, pour Meaux. Montés en voiture, une députation de la Société populaire, composée de femmes, vinrent leur présenter un bouquet de fleurs orné d'une cocarde nationale tricolore.

A partir de ce moment, on voit les Jacobins

relever la tête, ils se sentent soutenus, et préparent avec ardeur l'élection du Comité de Salut public.

De leur côté, les « Saintes femmes » se mettent à la tête de la résistance. Dès le 26 août, elles se réunissent et « *prennent l'arrêté de crer haro* sur les personnes qui emploieraient des Jacobins à travailler, comme le moyen le plus sûr de faire tomber la Société. »

Mais la Terreur commençait à produire son effet. La procession du vœu de Louis XIII avait été supprimée, la lutte devenait dangereuse.

L'élection du Comité de Salut public avait été fixée au 1er septembre.

L'Assemblée électorale fut tumultueuse. Le récit qu'en fait M. de Fleigny est curieux.

1er septembre.

Commencement de l'Assemblée primaire de la municipalité pour la nomination du Comité de Salut

public. Les paysans du Theil se plaignent de n'avoir
pas été avertis de l'Assemblée officiellement, et ensuite,
ces paysans réunis aux Jacobins témoignent fortement
leur indignation et leur mécontentement de voir dans
les scrutateurs deux personnes nobles ou chevaliers de
Saint-Louis, MM. Mondollot et Biot. La fureur de leur
mécontentement les porte non seulement à des im-
précations contre ces messieurs, mais encore à ren-
verser les tables et les bancs. Leur dessein était de
dissoudre l'Assemblée primaire, comme étant formée
par la cabale et par l'intrigue (suivant eux). Ils réus-
sissent à la faire dissoudre et à la faire ajourner au
8, dimanche suivant. MM. Mondollot et Biot déploient,
en cette occasion, toute la résistance possible, à leurs
places de scrutateurs, avec toute l'honnêteté et la per-
suasion possible : mais elles furent vaines.

L'assemblée du 8 fut moins agitée. Les Jacobins essayèrent encore de soulever des difficultés.
Les plus acharnés se nommaient Moyné, dit Gros-
cul, et Couture, surnommé le Prince Monaco.
Grâce au sang-froid des honnêtes gens, les opéra-

tions électorales prirent fin sans encombre, à dix heures du soir. Les deux journées suivantes furent consacrées au dépouillement, et le résultat du scrutin fut proclamé, le mercredi 11.

Voici les noms des élus.

Bailly (de l'Ours), aubergiste.

Versier, armurier.

Le Roux, épicier.

Maricot, avoué.

Bécherel, huissier.

Renaud, jardinier.

Benard, charcutier.

Biberon, perruquier.

Maréchal, tanneur.

Langlois, aubergiste.

Dallé, garçon tanneur.

Dejouy, chantre[1].

Tels étaient les nouveaux maîtres de la ville.

---

1. Un des expulsés de l'église.

Leurs fonctions étaient délimitées à la dénonciation des étrangers et à la police. On sait quel redoutable pouvoir dissimulaient ces attributions. Le régime de la Terreur était ouvert à Coulommiers.

Cependant, dans une dernière circonstance, se manifestent encore les bonnes dispositions de la population, et le désir d'union entre les classes ; c'est à l'occasion de la plantation d'un arbre de la liberté, qui eut lieu le 22 septembre, jour anniversaire de la République. M. de Fleigny en fait le récit détaillé :

22 septembre.

Cérémonie et fête de la plantation de l'Arbre de la liberté dans le marché, dit Place de la Réunion. Cette fête s'annonçait assez bien par la fraternité qui y paraît régner.

La première station faite en partant de l'hôtel de Ville à la place Saint-Denis, nommée la place de la Révolution, où la musique joua deux fois l'hymne des Marseillais, aux cris multipliés de : « Vive la liberté !

Vive la République! » La seconde station faite à l'Arbre de la Réunion où, en attendant qu'on l'élevât, toutes les dames de la Société apportèrent leurs rubans tricolores à l'arbre. Mme de Fleigny la première ayant pour écuyer M. Biot de la Tille. Les dames et tout le peuple, sur l'invite des chasseurs qui faisaient les honneurs de cette fête, s'étaient rendus une seconde fois près de l'arbre pour y danser des rondes avec le peuple, Mme de Fleigny, sa sœur Émilie, Mme Oudon et d'autres... La joie, la fraternité la plus sincère qui régnait, couronnait cette fête.

Lorsque, tout à coup, l'Arbre qui était planté peu à peu au son de la musique guerrière, mal assuré, tomba et blessa une fille des Parichets, nommée Marguerite Coffié, qui eut les jambes cassées, et sur les reins de qui l'Arbre tomba; Seguin, charpentier, qui était au faîte de l'arbre, fut blessé dans les reins; un homme du Theil, Trouet, fut blessé en trois endroits différents.

L'événement suspendit la fête; on pansa les blessés, et on replanta vers les six heures du soir l'arbre de la liberté, et on lui rendit les honneurs militaires par la salutation du drapeau, les cris de : « Vive la Répu-

blique, vive la Nation et la Liberté! » avec l'hymne
des Marseillais. Les dames étaient retirées à la Société,
les cœurs encore émus du malheur arrivé; je fus dans
le cortège de la garde nationale jusqu'à l'événement.

23 septembre.

Mort de la fille tuée par l'arbre vers les cinq heures
du soir, vingt-quatre heures juste après l'événement.

Cette catastrophe de l'arbre de la Réunion fut
comme un présage des sinistres épisodes qui
allaient suivre.

Désormais, les Jacobins sont maîtres du terrain,
et peuvent accomplir leur œuvre de destruction
et de vengeance.

Le farouche Dubouchet, commissaire de la
Convention, arriva bientôt, suivi d'un détachement
de hussards, comme il l'avait annoncé. Nous le
voyons à Faremoutiers, passant en revue les conscrits de la première réquisition, et destituant de
leur grade MM. de Marolles et Pinon, comme

indignes de servir la République en leur qualité
de nobles.

Bientôt commence la série des attentats. Le 26,
sept personnes suspectes sont arrêtées à Rozoy;
le même jour, à midi, le vicomte et le baron de
Montesquiou sont incarcérés. Le 27, a lieu l'arrestation de M. Maulnoir, juge de paix, de M. Oudan,
noble, du curé constitutionnel Le Bas, et de son
vicaire, de MM. de la Guillaumie, Mondollot, de
la Boulaye, le Roy de Crépy, Ogier de Baulny,
de Montanglaust, de Moutis. M. Quatre-Solz de
la Hante étant absent, les scellés sont mis chez
lui, en même temps que chez tous les détenus.
Le lendemain, nouvelles arrestations : MM. de
l'Herbé, de Longpré, Michelin, Igonet, Mmes Després, Blancheton, Gillet, de celles qu'on appelait
les « Saintes femmes ».

Le 27, se tient une assemblée populaire à
l'église Sainte-Foi, en présence de Dubouchet. En
vertu de ses pleins pouvoirs, le commissaire

déclare la municipalité destituée comme entachée d'incivisme, et remplacée par une Commission provisoire.

On décide que les cloches seront descendues et fondues pour faire des canons.

Il est dit également, que l'Arbre de la liberté érigé sur la place de la Réunion sera abattu, comme ayant été planté par des aristocrates, et sera remplacé par un autre, sur la place de la Révolution, à côté de l'Hôtel de Ville.

La cérémonie eut lieu dès le lendemain. Voici comment M. de Fleigny la raconte :

28 septembre.

A l'avant-quart de neuf heures, arrivée du nouvel Arbre de la liberté porté par tous les Jacobins et autres, et Thibaud, jardinier, dessus.

A trois heures, commencement de la fête de la Société populaire, annoncée le matin par une décharge de canons. Les compagnies rassemblées partent de l'Hôtel de Ville sans drapeaux, sans municipalité, sans Dubouchet. Ils partent, la marche entremêlée de gardes nationales de Meaux, de chasseurs, la garde nationale de Mouroux au commencement. Peu après l'ouverture de la marche, était la Société populaire portant sur des pancartes les Droits de l'homme, Marat, Le Pelletier et autres attributs. Les femmes avaient des rubans tricolores, un baudrier, et toutes une cocarde à leur bonnet, comme toutes les dames furent obligées d'en porter depuis le 24. Tout le cortège avait une branche d'arbre à la main.

Arrivé à la place, on fit le tour de l'Arbre en criant : « Vive la Nation, la République! » Pendant cette marche, les commissaires du département faisaient la ronde. Le cortège arrivé à la place du marché, on fit un grand cercle autour de l'Arbre de la Réunion au pied duquel on avait mis des gros livres de déclarations à papiers terriers et droits féodaux. On donna à l'Arbre quelques coups de cognée, et on y mit le feu ; l'Arbre tombé, on l'hacha en mille pièces comme ayant été planté par l'aristocratie, et on le brûla. On tira les canons, et on vint pendant ce temps-là chercher le drapeau.

A cinq heures, on planta l'Arbre de la liberté au

bruit des salves d'artillerie et des cris multipliés de : « Vive la République ! la Nation ! » La fête finit par une illumination générale.

Tandis que la population assistait à ces réjouissances patriotiques, les prisons s'emplissaient de détenus.

M. de Fleigny, qui était assez populaire, avait échappé à la malveillance des dénonciateurs. Il faisait partie de la garde nationale, et, quoique très fidèle à ses principes royalistes, ne craignait pas de se montrer bon patriote.

Il avait placé au fronton de la porte de l'hôtel de sa famille, nommé le Petit Château, une grande pancarte, sur laquelle étaient dessinés quatre faisceaux, portant des bonnets de la liberté, et accompagnés de drapeaux tricolores. Une couronne civique surmontait le tout avec ces devises : *Unité, indissolubilité de la République. Liberté, égalité, fraternité ou la mort.* Il pensait que cet écriteau serait une protection pour lui et sa famille.

A l'occasion des fêtes données pour la plantation du deuxième Arbre de la liberté, il eut la courageuse pensée de mettre à profit ses bonnes relations avec les sans-culottes pour délivrer les personnes arrêtées.

29 septembre.

Je parus ce jour en public et fus fort bien accueilli partout où je me présentai. Je me présentai chez un Jacobin pour la liberté des détenus. Il me renvoie au Comité de Salut public, qui les relâchera après la levée des scellés sur les papiers, et s'il n'y a pas de correspondances.

La fête de ce jour consiste en une table tout autour de l'église, où tout le peuple mangera. Dubouchet et la municipalité (restèrent) jusqu'après le repas. Je trinquai, M. Oudan et moi, avec des Jacobins, entre autres le père Balastre ; mon projet de leur insinuer le dessein de couronner cette fête par la liberté des détenus et la réunion des citoyens manque...

La fête eut un autre couronnement que celui qu'avait rêvé M. de Fleigny.

On dansa dans l'église jusqu'à minuit. La danse fut interrompue par des discours patriotiques de Dubouchet.

On défait après le repas les fleurs de lis de la voûte, et on scie celles de la croix. Les attributs de la Société populaire sont déposés sur l'autel du chœur de Sainte-Foi.

Le 30, destruction des bancs de l'église. La tombe de M. le curé, dans le cimetière, avait été détruite le 28.

Départ de Dubouchet pour Faremoutiers, à dix heures du matin.

La généreuse tentative de M. de Fleigny n'avait pas réussi ; les promesses qu'on lui avait faites étaient vaines ; les attentats contre la liberté individuelle continuaient. C'est ainsi que nous rencontrons, dans ses notes, les mentions suivantes :

Arrestation de plusieurs citoyens : Mme Gresley, Mme Versey, Le Roux, Dujas de Boissy et autres, le 29, à dix heures du soir.

Détention de M. le ci-devant marquis de Guerchy, ci-devant colonel du régiment Lyonnais, domicilié à Nangis, district de Provins. Arrestation et passage de

M. Chavigny de Courbois par les habitants de Saint-Cyr, et de M. Florent, aide de camp du général Dumouriez.

3 octobre.

Mmes de la Hante et de Varennes (sa fille) sont mises, sur les midi, en arrestation chez elles.

6 octobre.

L'abbé Martinet, détenu provisoirement à Sainte-Foi le 3, est conduit par la gendarmerie à Rozoy.

10 octobre.

Arrestation de M. Corbilly, tailleur, Noizette, Lenoir, cordonniers, et Biberon l'expéditionnaire, impliqués « dans l'affaire des Saintes femmes ». On arrête le soir le domestique de M. de Moutis, impliqué dans la même affaire. Ceux-ci doivent être conduits à Boissy.

Ici se termine le journal de Louis de Fleigny. Lui-même était arrêté le lendemain, et nous le retrouverons compris dans la même poursuite que son ami Charles de Marolles. Il est à présumer que l'arrestation de la famille Quatre-Solz fut pratiquée le même jour, Certainement, elle ne précéda pas celle de M. de Fleigny, car il n'aurait pas manqué d'en être informé, et d'en faire mention.

Nous n'avons relevé dans le journal de M. Louis de Fleigny, que certains faits, marquant les progrès de la domination des Jacobins à Coulommiers. Beaucoup d'autres détails mériteraient d'être signalés ; on les retrouvera dans l'ouvrage d'ensemble de M. l'abbé Vernon.

Dans ces divers récits, on voit rarement paraître le nom du maire Le Roy de Montflobert, dit *Dix-Août*. C'est lui cependant qui jouait le rôle le plus actif. Retenu à Paris par ses fonctions de juré au Tribunal révolutionnaire, en relations fréquentes avec le conventionnel Cordier, le misérable se réservait d'assurer l'effet des dénonciations qu'il avait provoquées. Mélange de basse vanité, de cruauté lâche, de fourberie despotique, il réalisait le type accompli du jacobin.

DERNIÈRE PARTIE

LA MORT

DERNIÈRE PARTIE

LA MORT

Le Roy, dit *Dix-Août*, pouvait être content : il allait assouvir ses basses vengeances. Du premier coup, il avait fait bonne capture.

En même temps que Mme de Marolles et son fils, se trouvaient internés à la maison d'arrêt de Rozoy[1], M. Quatre-Solz de la Hante, leur parent, M. Le Bas, curé constitutionnel de Coulommiers, M. Leuillot, curé de Saint-Remy, M. Cagnyé, curé de Saint-Mars, M. Louis Aubert de Fleigny, M. Rebours et M. Limenton de Chassy.

Pour les affaires de cette sorte, le cours de la

---

1. Ils avaient été transférés de La Ferté-Gaucher.

justice ordinaire était suspendu. L'instruction préliminaire fut faite par les soins du Comité de Surveillance de Rozoy. Malheureusement on ne retrouve de cette étrange procédure qu'une seule pièce, l'interrogatoire de M. Fleigny, daté du 24 vendémiaire an II, 15 octobre, soit cinq jours après son arrestation.

On lira avec intérêt les réponses du jeune gentilhomme, qui ne manquent ni de fermeté ni de présence d'esprit.

INTERROGATOIRE DE AUBERT DE FLEIGNY

Extrait du registre des délibérations du Comité de Surveillance établi en la ville de Rozoy par le représentant du peuple Dubouchet.

SÉANCE DU QUATRIÈME JOUR
DE LA TROISIÈME DÉCADE DU PREMIER MOIS DE L'AN II
DE LA RÉPUBLIQUE UNE ET INDIVISIBLE

D'après l'ordre qui a été donné au citoyen Aubert fils de se rendre au lieu des séances, il y est comparu.

Le président l'a interrogé sur la question suivante, l'a interpellé de déclarer ses noms, âge, qualité et demeure.

Il a répondu se nommer Louis Aubert Fleigny, être âgé de vingt-huit ans, n'ayant aucune qualité et demeurer en la ville de Coulommiers.

Interrogé s'il avait entretenu une correspondance avec le nommé Cagné, curé de Saint-Mars, canton de la Ferté-Gaucher, a répondu que ouy.

Si cette correspondance est relative aux affaires du tems, a déclaré que le nommé Cagné le consulte souvent sur les affaires du tems, qu'il a toujours répondu ce qu'il en pense.

S'il a écrit fréquemment au dit Cagné et dans quel tems.

A répondu qu'il lui avait écrit plusieurs fois dans le tems de l'Assemblée constituante et celle législative et une fois pendant celle constitutionnelle, qu'il croit que c'est au mois de janvier dernier et lors de l'affaire des dix, dont pour lui rendre compte des principaux événements de cette journée.

De quelle manière il avait ouvert son opinion sur les affaires du tems et principalement sur les événements de l'affaire de la journée du 10 août et s'il avait montré de l'attachement pour Louis Capet? A répondu qu'il avait pu en montrer mais qu'il ne s'imaginait pas qu'il fut aussi traître à la patrie qu'il l'était.

Quel était le motif qui le dispensait de signer ses lettres et principalement celles qu'il avait écrites au dit Cagné? A répondu que c'était dans la crainte qu'elles fussent trouvées.

Interrogé pourquoi il craignait que ses lettres fussent trouvées? A répondu que les instans étant si critiques, il était dispensé de les signer par circonspection, mais que ce n'était pas dans une intention malveillante, et qu'au surplus son père, prudent, lui avait conseillé, lorsqu'il écrirait des lettres sur les affaires du tems, de ne pas les signer.

A lui demandé s'il s'était entretenu avec le dit Cagné sur la mort de Louis Capet et si, à ce sujet, il lui avait écrit? A répondu que cela pouvait être, mais qu'il ne se rappelait pas positivement.

A lui demandé s'il avait connaissance d'une table mystérieuse? A répondu qu'il n'avait aucune connaissance de la table mystérieuse dont on lui parlait.

Il a été fait à l'instant lecture d'une lettre au dit

Aubert qu'il a écrite au dit Cagné, mais non datée.

A répondu qu'il ne se rappelait de quel temps il a écrit cette lettre ; si c'est en 1788, 1789 ou 1790, ni dans quel temps il envoya au dit Cagné les arrêtés dont est question en cette lettre, ni de qui ils étaient émanés.

Interrogé s'il avait connaissance d'un complot formé par une partie des membres de l'Assemblée constitutionnelle à l'effet de conduire le roi dans les pays méridionaux pour le mettre à la tête d'une faction ? A répondu qu'il le savait soit par les journaux qui l'en avaient instruit, ou par d'autres papiers publics.

Interrogé s'il avait paru désirer que le projet ait son exécution ? A répondu qu'il avait pu le désirer ; mais quand il avait vu les événements changer il s'en était repenti.

Interrogé s'il avait paru déplorer le sort de Louis Capet ? A répondu que oui ; mais qu'il ne le croyait pas aussi coupable et que c'était de sa part sans avoir eu aucune mauvaise intention.

Interrogé s'il avait cru au retour de l'ancien régime ? A répondu que oui ; qu'il comptait sur les forces des puissances étrangères et qu'il croyait que les forces de la nation française, étant beaucoup inférieures dans ce temps-là, ne pourraient jamais l'emporter.

Interrogé s'il avait désiré que les puissances étrangères entrassent dans le territoire français ? A répondu que oui, parce qu'il croyait que ce serait pour finir l'anarchie et ramener le bon ordre.

A lui demandé ce qu'il entendait par anarchie ? A répondu que c'était une confusion de tous les pouvoirs anticipés les uns sur les autres.

A lui observé qu'il n'existait de pouvoir que la Convention nationale et le pouvoir exécutif, qu'en admettant que la Convention nationale et le pouvoir exécutif anticipent les uns sur les autres, c'était admettre une autorité supérieure à la Convention.

Interrogé de répondre sur cette question, a répondu qu'il ne connaissait d'autre autorité supérieure que la Convention, mais qu'on espérait par les secours des puissances étrangères qu'il y aurait une autorité future et supérieure à la Convention.

Lecture lui a été faite d'une autre de ses lettres qu'il a écrite au nommé Cagné, curé de Saint-Mars, dans laquelle il remarque entre autres choses que ce citoyen déclare continuer sa correspondance jusqu'à ce qu'on soit plus stable, qu'il déplore la situation de Louis le dernier, et fait part d'un complot de le conduire dans les provinces méridionales à la tête d'un parti tramé par une partie des membres de la Convention.

Interrogé comment il appliquait le mot stable, si c'était par l'affermissement de la République ou le rétablissement de la royauté. A répondu en faveur de la royauté, parce qu'il ne savait pas que le ci-devant roi était aussi coupable, qu'il croyait qu'il serait plus avantageux pour la nation qu'il s'en allât dans les pays méridionaux.

Interrogé de déclarer entre les mains de qui étaient les lettres particulières qui traitaient de ce complot? A répondu qu'elles lui étaient écrites par le nommé Lamy, chandellier à Paris, place Saint-Michel, et que ces mêmes lettres étaient entre les mains du citoyen Aubert, son père.

Interpellé de déclarer s'il n'avait pas connaissance d'autres lettres sur le même objet? A répondu que oui, mais qu'il ne se rappelait pas de qui.

Interpellé de déclarer si les fragmens de cette lettre portant pour objet « qu'il faudrait que l'Assemblée de la Convention tienne tous les jours ses séances, comme s'il n'y avait rien d'extraordinaire, pendant qu'il y en aurait une partie qui voyagerait avec le roy, vers le midy ? » Cette lettre fait voir que « tous les moyens de rigueur qu'on prend vis-à-vis du roy ne sont qu'un leurre, et qu'il aurait dû partir samedi dernier dans la nuit » était purement le rapport des lettres qu'il avait vu ou si, au contraire, c'était le fruit de ses réflexions? A répondu que c'était le fruit de ses réflexions, motivé sur ce qu'il croyait que l'intérêt de la nation exigeait la fuite du roi ; a ajouté que ce n'était pas par malveillance qu'il avait manifesté son opinion de telle manière, mais qu'il croyait que le bonheur public exigeait le rétablissement de la royauté.

Interpellé le dit Aubert de déclarer si, pour seconder le projet des puissances étrangères et les Français qui étaient émigrés, il avait fourni des fonds? A répondu que non.

Lecture faite du présent interrogatoire au dit citoyen Aubert a déclaré qu'il contenait vérité, qu'il y persistait et a signé Aubert Flégny fils, Brutelle, Legendre, E. Racinet, Hadamourt, Le Loup, Beaufort, Lefort, Vincent président, Debourges.

Après une détention préventive d'environ un mois, les détenus furent transférés de Rozoy à Paris, et écroués à la Conciergerie sous inculpation de complot contre la République en vue du rétablissement de la monarchie.

On verra, d'après les interrogatoires qui suivent, sur quelles preuves se basait cette inculpation qui avait pour sanction la peine de mort.

A LA CONCIERGERIE

INTERROGATOIRE DE Mme DE MAROLLES

Ce jour d'hier, 23 brumaire de l'an second de la République, onze heures du matin.

Nous, Alexandre, Edme-David, juge du Tribunal Criminel-Révolutionnaire établi à Paris par la loi du 10 mars 1793, sans recours au Tribunal de cassation et encore en vertu du pouvoir délégué au Tribunal par la loi du 5 avril de la même année, assisté de Jacques Goujon, commis greffier du Tribunal, en l'une des salles de l'auditoire au Palais, et en présence de l'accusateur public, avons fait amener de la maison de la Conciergerie la nommée Barentin, auquel *(sic)* nous avons demandé ses noms, âge, profession, pays et demeure.

A répondu se nommer Louise-Madeleine-Charlotte Barentin Quatre-Solz de Marolles, âgée de quarante-six ans, demeurant à Marolles district de Rozoy, déparment de Seine-et-Marne.

D. — S'il ne lui est jamais arrivé d'avoir des correspondances avec des ennemis intérieurs de la République.

R. — Que non.

D. — Si son mari est toujours résident à Marolles, et si elle connaît les causes pour lesquelles elle est en arrestation.

R. — Qu'elle ignore les causes de son arrestation, que d'abord son mari avait été arrêté, puis relâché, laquelle avoir été en son lieu et place mise en arrestation.

D. — Où demeure le fils avec lequel elle avait tenu une correspondance en 1791 et 1792.

R. — Que son fils était alors au Cap français dans le quinzième régiment dit de Béarn, dont il est revenu le 31 décembre, vieux style chez elle.

D. — A l'accusée, ce qu'elle entendait par sa lettre du 28 mars 1792 en écrivant à son fils par ces mots : « Vous voilà donc petit général, imposé là-bas à ces malheureux pour que la tranquillité se rétablisse. Munissez-vous toujours de canon pour les tenir à une distance respectueuse de vous, le voisinage de ces gens-là n'est pas à envier[1]. »

R. — Qu'en s'exprimant ainsi elle n'a parlé et entendu parler que de ceux qui, au détriment de la République, ont troublé d'une manière si nuisible les habitants du Cap français, mais que jamais elle n'a eu en vue d'attaquer ceux qui soutenaient la souveraineté du peuple.

D. — Quel degré d'intérêt la portait à s'intéresser aussi vivement au sort de Capet à l'époque du mois de février 1792, et à lui prodiguer des éloges dans un temps où, après avoir juré une Constitution, il n'avait pas craint d'enfreindre ses serments.

R. — Que tout ce qu'elle avait entendu dire ce jour-là sur le compte du roi l'avait portée à s'exprimer comme elle a fait, sur la constance qu'il avait montrée

---

1. Voir page 11 [3]

lors des événements du 20 juin, mais qu'à l'égard de la conduite qu'il avait tenue lors du 10 août en voulant faire exterminer le peuple, elle l'avait désapprouvé formellement et n'avait craint constamment de s'expliquer de cette manière.

D. — Si elle ne s'est jamais permis des liaisons avec des conspirateurs, si elle n'a jamais tenu des propos tendant à l'anéantissement de la République.

R. — Que non.

D. — Si elle n'a pas reçu une lettre de la femme d'un émigré sans signature. A cet effet nous lui avons représenté cette lettre [1].

R. — Qu'elle reconnait la lettre que nous lui avons représentée sous la cote 3, que cette lettre est d'une de ses sœurs demeurante à Nevers, qu'elle ignore si son mari est émigré, qu'au surplus elle n'a eu avec ce dernier aucune correspondance.

D. — Si elle n'a pas eu habituellement une correspondance et des relations avec le nommé Cagnyé, curé de Saint-Mars, homme fanatique et contre-révolutionnaire, et si, soit dans ses discours, soit dans ses

1. Voir page 148.

lettres elle ne s'est pas avec égreur (*sic*) expliquée sur la Révolution française.

R. — Qu'elle n'a jamais été en relation politique avec ledit curé de Saint-Mars, que ce curé habitant une paroisse dans laquelle le mari d'elle répondante avait une ferme, elle a été amenée de correspondre avec lui pour cet objet; mais que d'ailleurs elle n'a eu d'autres relations que celle de la reconnaissance envers quelqu'un qui lui rendait quelques services.

D. — Si elle veut faire choix d'un conseil, ou si elle entend qu'il lui en soit nommé un, ou par nous d'office.

R. — Que son intention étant de se faire assister d'un conseil, elle se réserve d'en faire choix.

Lecture faite à l'accusée du présent interrogatoire a dit qu'il contient vérité, a persisté et signé avec nous, l'accusateur public et le commis greffier.

BARENTIN QUATRESOLZ,

GOUJON, DAVID.

Parmi les pièces saisies à Marolles, se trouvaient des chansons qualifiées *aristocratiques*. M. Wallon en a cité une. On en trouvera une autre aux *Annexes*.

INTERROGATOIRE DE CHARLES-NICOLAS

Ce jourd'hui (23 brumaire), etc. (Voir la formule ci-dessus).

A répondu se nommer Charles-Nicolas Quatre-Solz, âgé de vingt-trois ans, ci-devant officier au 15ᵉ régiment d'infanterie, demeurant à Marolles, district de Rozoy, département de Seine-et-Marne, et à présent lieutenant au 1ᵉʳ bataillon du district de Rozoy, comme étant de la réquisition.

D. — S'il sait la cause pour laquelle il a été mis en accusation.

R. — Qu'il n'en a aucune connaissance.

D. — Si depuis la Révolution il n'a pas constamment professé les principes de la caste nobiliaire, s'il n'a pas désapprouvé toutes les opérations de l'Assemblée soit constituante, soit législative, tendant à affermir les droits que le peuple a recouvrés.

R. — Qu'il n'a jamais rien dit ni rien écrit contre la souveraineté du peuple.

D. — Sur la représentation de deux lettres écrites sous les dates du 6 juillet et 12 décembre 1791, a demandé s'il les reconnaissait, l'avoue, même requiert d'y apposer sa signature, ce qu'il a fait ainsi que nous.

D. — Comment il a pu s'exprimer en termes si méprisants sur le peuple français, et faire l'éloge du roi ainsi que de la noblesse des sentiments de laquelle il était sûrement animé à l'époque auxquelles (sic) il les a écrites.

R. — Dit qu'il a pu, à l'époque déjà éloignée de ses lettres, puisqu'elles sont de l'année 1791, et que la Révolution française n'était encore qu'à son berceau, manifester des sentiments qui n'étaient que la suite de l'éducation qu'il avait jusqu'alors reçue, et des préjugés dont il avait été nourri; qu'il était jeune à cette époque, puisqu'il n'est âgé, ainsi qu'il nous l'a déclaré, que de vingt-trois ans; qu'il ne peut pas paraître étonnant qu'il ait alors manifesté des sentiments, suite inévitable de ceux que l'on lui avait inspirés, mais que, depuis ce temps, plus instruit qu'alors des principes qui basaient la Révolution française, il avait appris à l'aimer, et n'avait pas craint de combattre pour la maintenir.

D. — S'il n'a pas été provoqué à émigrer, et s'il n'en a pas eu l'intention.

R. — Qu'il a souvent entendu parler d'émigration, mais qu'il n'est jamais entré dans ses sentiments de quitter sa patrie.

D. — Comment il s'est conduit au Cap français, lorsqu'il est allé pour protéger la liberté dans ces contrées, et s'il ne s'est pas rangé du côté de ceux qui tramaient des conspirations contre cette même liberté.

R. — Qu'envoyé pour y maintenir les décrets de l'Assemblée Nationale, il n'a pas craint de s'exposer toutes les fois que l'occasion s'en est présentée, qu'il atteste même avoir fait tous ses efforts pour le maintien du décret qui assurait aux gens de couleur le droit de citoyen français.

D. — S'il n'a jamais eu de correspondance avec les ennemis de la République.

R. — N'en avoir jamais eu.

D. — S'il ne s'est pas permis des propos tendant au rétablissement de la royauté et à l'anéantissement de la République.

R. — Ne s'être jamais permis de tels propos.

D. — Si, depuis qu'il est revenu du Cap français et

qu'il a habité la commune de Marolles, il a donné des preuves de patriotisme, et s'il n'a pas eu de liaisons avec des personnes reconnues ennemies de la Révolution française et désignées comme aristocrates.

R. — Que toute la commune de Marolles attestera que, depuis onze mois qu'il est revenu chez ses père et mère, il n'a cessé d'y donner des preuves de son civisme. Qu'il n'a eu aucune relation avec des gens notoirement connus pour ennemis de la République, et que, s'il a fait quelques absences momentanées, ce n'était que pour se livrer à quelques affaires particulières ayant trait à l'administration des biens de son père.

D. — S'il veut faire choix d'un conseil comme il en a la faculté, ou s'il veut que nous lui en nommions un d'office.

R. — Qu'il se réserve droit d'en choisir un.

Lecture faite... etc.

GOUJON, QUATRE-SOLZ, DAVID.

Nous ne publions pas ici les autres interrogatoires, nous bornant aux faits qui concernent la famille Quatre-Solz. On trouvera ces documents aux *Annexes*.

Huit jours après, Fouquier-Tinville signait l'acte d'accusation, dont la copie notifiée est entre nos mains. On remarquera que, suivant cet acte d'accusation, c'est à la date du 22 brumaire que l'accusateur public aurait reçu les pièces transmises par le Comité de Surveillance de Rozoy, et que les interrogatoires sont datés du lendemain, ce qui marque une extrême rapidité de transmission au juge instructeur, et une promptitude invraisemblable d'examen de la part de ce dernier.

Voici la teneur de l'acte d'accusation.

ACTE D'ACCUSATION

Antoine-Quentin Fouquier, accusateur public du Tribunal révolutionnaire établi à Paris, par décret de la Convention nationale du 10 mars 1793, l'an deuxième, sans aucun recours au Tribunal de cassation, en vertu du pouvoir à lui donné par l'article 2 d'un autre décret de la Convention, du 5 avril suivant, portant que l'accusateur public du Tribunal est autorisé à faire arrêter, poursuivre et juger sur la dénonciation des autorités constituées ou des citoyens,

Expose :

Que, le 22 brumaire présent mois, les *pièces* envoyées par le Comité de Surveillance établi à Rozoy, au Comité de Salut public, relatives à l'arrestation des nommés... (les noms) tous prévenus d'avoir entretenu des correspondances contre-révolutionnaires.

Ont été remises à l'accusateur public, lequel, sur le vu desdites pièces, a décerné *mandat d'arrêt* contre les susnommés, en vertu duquel lesdits (les noms) ont été conduits dans la maison d'arrêt dite la Conciergerie du Palais, à Paris, et ont subi interrogatoire par-devant l'un des juges du Tribunal ;

Qu'examen fait par l'accusateur public de toutes lesdites pièces il en résulte *en général*, contre les susnommés, que, depuis l'époque de la Révolution, ils n'ont cessé de manifester des principes contre-révolutionnaires et d'entretenir entre eux par écrit des correspondances tendantes à provoquer la dissolution de la représentation nationale et le rétablissement de la royauté ;

Et contre chacun d'eux en particulier :

1° Contre Jean-Antoine Rebours (lettres à Cagnyé) ;

2° Contre Cagnyé (lettres de Rebours, d'Aubert, de la Hante, de Mme de Marolles, de Bertrand, de Bourgeat, de deux lettres de Marolles, de quatre lettres à Aubert, de tablettes mystérieuses, de registre tenu contraire à la loi);

3° Contre Louise-Magdelaine-Charlotte *Barentin*, femme *Quatresous*, qu'elle entretenait aussi cette même correspondance contre-révolutionnaire, ainsi qu'il résulte :

1° Des quatre lettres pareilles adressées à Cagnyé, curé de Saint-Mars, ci-dessus énoncées [1];

2° D'une lettre datée du 21 octobre, sans signature, mais qui paraît lui avoir été adressée par la femme d'un émigré, dans laquelle on dit : « Prenez garde à ce que vous me manderez, ma chère amie, parce que notre maître de poste, qui est un très bon homme, va être changé; si vous aviez quelque chose à me dire, écrivez-moi avec du lait ou du jus de citron, et dites-moi quelque chose dans ce que vous écrirez à l'encre, qui me mette au fait; j'en ferai autant en cas de besoin [2]; »

---

1. Voir pages 63, 145, 306, 308.
2. Voir page 149.

3° Des huit lettres par elle adressées à Quatresous de
Marolles, son fils, en date des 22 juillet, 28 mai,
31 mars, 21 mai, 11 janvier, 18 juillet 1792, 9 et 13 décembre 1791 ; dans celle du 18 juillet 1792, on lit :
« Toutes les troupes de ligne, que nous avions ici à Paris,
sont envoyées sur nos frontières ; ils sont tous partis
aujourd'hui à cinq heures ; en partant, ils ont crié :
« Vive le roi, la noblesse ! » « Au diable la nation ! » etc.

4° De sept autres lettres adressées par ladite femme
Quatresous, à Lœuillet, curé de Saint-Remi, en date des
9 mars, 1er janvier, 26 mars, 21 février, 14 février 1792,
20 octobre et 20 décembre 1791 ; dans celle du
21 février 1792, on lit : « Il faut du courage pour soutenir tous les événements qui se préparent ; les ennemis
sont bien acharnés l'un contre l'autre, mon mari n'en
a que plus d'ardeur ; sans vouloir être d'aucun Club,
il va être de celui de la coalition qui se trouve au point
milieu de ceux des Jacobins et Feuillans ; il faut nécessairement des têtes froides et sensées pour les mettre
tous deux à la raison ; tous deux en sens contraire ne
valent rien, il attend des merveilles de ce tiers qui
deviendra la majorité, il a bien de la peine à se former,
il vaut mieux tard que jamais », etc.

Dans celle du 20 décembre 1791, on lit : « Je trouve mon fils heureux de se soustraire par son voyage aux préjugés du jour; par ce moyen il plaît aux deux côtés et fait son devoir, il a été extrêmement content de l'esprit de son régiment; officiers, soldats, tout est du même accord : les derniers ont eu le bon esprit de se préserver de la contagion du Club ; il va paraître une adresse de ce régiment au roi, je suis bien curieuse de la voir », etc.

Qu'il a été trouvé chez ladite femme Quatresous une tablette de caractères mystérieux, servant à entretenir des correspondances suspectes et plusieurs chansons contre-révolutionnaires;

4° Contre Lœuillot (les sept lettres de Mme de Marolles, un registre d'état civil tenu contrairement à la loi);

5° Contre Charles-Nicolas *Quatresous de Marolles* fils, qu'il entretenait aussi la correspondance contre-révolutionnaire ci-dessus énoncée, ainsi qu'il résulte : 1° De deux lettres par lui adressée les 6 juillet et 12 décembre 1791, à Cagnyé, curé de Saint-Mars; 2° des sept lettres à lui adressées par la femme Quatresous, et ci-dessus énoncée, et d'un projet de lettre trouvé dans ses papiers;

6° Contre Gédéon-Alexandre-Pierre Quatresous de la Hante, qu'il entretenait aussi la correspondance contre-révolutionnaire ci-dessus énoncée, ainsi qu'il résulte de la lettre par lui adressée à Cagnyé, curé de Saint-Mars, le 3 mars 1793, dans laquelle on lit :

« Ayant besoin, pour toucher, d'un certificat de civisme, que vous savez qu'on a laissé les officiers municipaux les maîtres de refuser suivant leur bon plaisir : or, je présume qu'ils en auraient beaucoup à user de leur droit vis-à-vis de moi ; mais je les attra-perai bien, car je ne leur en donnerai pas, etc. Mais, puisque M. Bertrand se charge de ma lettre, je veux profiter en même temps de cette bonne occasion, pour vous faire passer quelques brochures relatives au triste sujet de nos éternels regrets », etc. Cette lettre est énoncée plus au long ci-dessus en ce qui concerne Cagnyé ;

7° Contre Louis-Aubert dit de Flégny... Lettres à Cagnyé, lettres de Cagnyé, différents bulletins conte-nant en abrégé l'histoire des événements qui se sont passés à Coulommiers (son journal) ;

8° Contre Limenton-Chassy (lettres à Bertrand) ;

9° Contre Jean-Pierre Lebas, ci-devant curé de Coulommiers : qu'il était complice du susnommé, et a participé à la correspondance contre-révolutionnaire, dont est question ; qu'il a été trouvé chez lui plusieurs écrits sur lesquels il ne faut que jeter les yeux pour connaître les principes antirépublicains que ledit Lebas professait.

D'après l'exposé ci-dessus, l'accusateur public a dressé la présente accusation contre... (*les noms*), actuellement détenus en la maison d'arrêt dite de la Conciergerie du Palais à Paris :

Pour avoir méchamment et à dessein, et de complicité, entretenu par écrit des correspondances tendantes à provoquer la dissolution de la représentation nationale et le rétablissement de la royauté ; en conséquence, l'accusateur public requiert qu'il lui soit donné acte par le Tribunal assemblé de l'accusation par lui portée contre les nommés... (*les noms*).

En conséquence qu'il soit ordonné qu'à sa diligence, et par un huissier du Tribunal, porteur de l'ordonnance à intervenir, lesdits... (*les noms*) seront pris au corps, arrêtés et écroués sur les registres de la maison d'arrêt de la Conciergerie du Palais à Paris, où ils sont

actuellement détenus, pour y rester comme en maison
de justice ; comme aussi que ladite ordonnance sera
notifiée, tant aux accusés, qu'à la municipalité de
Paris.

Fait au cabinet de l'accusateur public, le 1er frimaire
de l'an second de la République française, une et indivisible.

Signé : A.-Q. FOUQUIER.

Le jour fatal était arrivé. Le 9 frimaire (29 novembre), Mme de Marolles, son fils Charles, M. Quatre-
Solz de la Hante, Aubert de Fleigny, le curé
Le Bas, le prieur Leuillot, le curé Cagnyé, M. Rebours et M. Limenton-Chassy comparaissaient
devant cette assemblée de sang qui, sous le nom
de Tribunal, souillait le sanctuaire de la justice.
Nous ne referons pas la description si connue de
ces sinistres audiences. Les juges, les jurés, l'accusateur public sont à leur siège. Montflobert, dit
Dix-Août, s'est récusé comme maire de la ville où
les accusés avaient leur domicile, soit actuel, soit

ancien. Le dénonciateur mettait des formes dans l'exercice de sa vengeance.

Les accusés sont assistés de leurs avocats. M. de Marolles avait eu recours, pour défendre sa femme et son fils, au talent de Chauveau-Lagarde. Mais il avait demandé de plaider lui-même leur cause. Depuis leur arrestation, il s'était épuisé en efforts inutiles, et avait vainement multiplié ses démarches pour les arracher aux mains de l'accusateur public.

Dès leur transfèrement à la Conciergerie, il était venu les visiter chaque jour; nous avons entre les mains le permis de communiquer. On ne peut se défendre d'une impression profonde en lisant sur cette pièce la date de ces visites, dont la dernière est du 8 frimaire, veille de l'audience.

TRIBUNAL CRIMINEL EXTRAORDINAIRE
ET RÉVOLUTIONNAIRE

Établi à Paris, au Palais, par la loi du 10 mars 1793,
l'an II de la République

ACCUSATEUR PUBLIC

Le citoyen gardien de la maison de la Conciergerie laissera communiquere le citoyen Nicolas-Michel Quatre-sols avec son fils, demeurant à Marolles, et à Paris rue de Verneuil, n° 84, section de la Fontaine-de-Grenelle, muni d'une carte ;

Avec la f^me Quatresols et Quatresols, ses femme et enfant ;

Actuellement détenus en ladite maison de la Conciergerie ;

Trois fois par décade,

> Fait à Paris, le 5 frimaire de l'an II
> de la République une et indivisible.

A.-Q. FOUQUIER.

En haut du papier, trois annotations :
   Vu le 6 frimaire ;
   Vu le 7 frimaire ;
   Vu le 8 frimaire.

Nous avons trouvé dans les papiers de famille le brouillon du discours que M. de Marolles prononça devant le Tribunal. Ce manuscrit est un des rares documents de l'époque qui aient été conservés, la plupart des papiers ayant été saisis et détruits ou déposés aux Archives nationales, en vertu du décret du 23 prairial. Voici le texte de ce discours, dont l'original est écrit assez couramment, et ne porte que quelques ratures.

LE CITOYEN NICOLAS-MICHEL QUATRESOLZ, PREMIER INSTITUTEUR DE SES ENFANTS

Pour sa femme et son fils aîné

CITOYENS JUGES,

« Dont les augustes et saintes fonctions n'inspirent la terreur qu'aux méchants, un républicain, qui se repose sur la pureté de ses sentiments, se présente devant vous avec assurance. Si je croyais ma femme et mon fils coupables, je sais ce que

je dois à la République… je ne me présenterais pas
pour les défendre.

« J'appelle ici tous ceux qui accusent la citoyenne Quatresolz, et je les interpelle de dire
ce qu'ils savent de sa conduite, car c'est là le vrai
résultat de ses opinions. Tous attesteront qu'ils
ont vu en elle une mère tendre, chérissant la patrie,
respectant la loi, fière d'avoir à présenter à la
République trois défenseurs dans ses trois enfants
dont elle a dirigé l'éducation avec moi.

« La citoyenne Quatre-solz n'a d'autres rapports
avec le citoyen Cagnyé que ceux d'une mère avec
le second instituteur de son fils, car j'avais été
obligé de me faire suppléer pour les mathématiques
seulement. Une opinion, jetée dans une lettre
adressée à un citoyen auquel on doit la reconnaissance, n'est point une manifestation de ses idées,
ni un dessein de les propager. Si le citoyen Cagnyé
a eu d'autres rapports étrangers, la citoyenne Quatre-solz les ignore. Elle ne peut ni ne doit y être

impliquée. Ses lettres au citoyen Cagnyé sont isolées, indépendantes des autres liaisons de ce citoyen. Je demande que les lettres de la citoyenne Quatresolz soient examinées en elles-mêmes et séparément.

« Si la citoyenne Quatresolz s'est permis, dans l'une de ses lettres, de louer Louis Capet, il est surtout important de se rappeler à quelle époque : c'était dans un temps où l'opinion n'était point encore fixée, où le peuple souverain n'avait pas manifesté sa volonté suprême, où enfin il n'avait pas encore sanctionné la République. La nation reconnaissait alors Louis Capet comme portion intégrante du gouvernement.

. . . .

. . . .

« Ma femme était si peu attachée à ses opinions du moment, qu'elles n'ont jamais eu d'influence sur sa conduite. Elle a loué sa maison de la ville et s'est retirée à la campagne, pour se retrouver

avec les vrais amis de la nature. Elle n'a point vu
de solitude partout où elle pouvait exercer une
bonne œuvre. C'était elle, en effet, qui, dans la
commune de Marolles, était le secrétaire des pères
et mères des défenseurs de la patrie, qui, ne
sachant point écrire, auraient été privés de la dou-
ceur de s'entretenir avec leurs enfants ; de sorte
que, dans cette commune, son absence a été regar-
dée comme un deuil ; car qui peut suppléer aux
attentions délicates d'une bonne mère et se flatter
de la remplacer ?

Quant au citoyen Charles-Nicolas Quatresolz,
ses rapports avec le citoyen Cagnyé, qui lui avait
appris les mathémathiques, sont très peu fréquents.
Embarqué pour Saint-Domingue en vertu d'un
décret de l'Assemblée législative, et par une mission
du Gouvernement, il a cru devoir à son maître de
mathématiques une lettre de reconnaissance ; s'il y
a intercalé quelques opinions téméraires, hasar-
dées, fausses, elles doivent être excusées dans un

très jeune homme; on sent qu'elles tiennent à cet esprit de corps, si fortement imprégné de la teinte de l'ancien régime qu'on a reproché avec tant de de raison aux officiers des troupes de ligne. Cet esprit de corps, en produisant quelques actions d'éclat, n'a jamais servi que le despotisme, son effet constant étant d'exalter la tête, et ensuite de jeter l'âme dans la torpeur et le sommeil de la servitude. Si des camarades, très peu réfléchis, ont présenté à mon fils cette coupe funeste, à peine y a-t-il porté les lèvres : au premier avis qu'il a reçu de moi, éclairé sur le danger, il a rejeté cette coupe empoisonnée. Ses réflexions ne sont que les premiers effets du prestige, dont l'ivresse n'a duré qu'un moment. Sans doute, citoyens juges, vous reconnaîtrez un beau naturel dans un enfant que la séduction environnante n'a pu retenir dans les liens de l'erreur... qui les brise dès qu'il entend la voix de son premier instituteur, de son père.

« Ce jeune homme qui a traversé les mers pour

secourir nos frères de Saint-Domingue, qui s'ap-
plaudissait du bonheur d'être utile à sa patrie,
verrait-il s'éteindre dans les larmes le généreux
sentiment dont tressaillait son âme à l'aspect de
la gloire ?... Les principes que j'ai fait germer
dans son âme lui ont mérité la confiance de la
municipalité de Marolles, dont il a le certificat ;
celle des jeunes citoyens, qu'il a ramenés à la
loi lors de la première réquisition, dont il avait le
suffrage pour être lieutenant ; les preuves en sont
entre ses mains.

« C'est alors que je me suis applaudi d'avoir
élevé moi-même mon fils ; je voulais qu'il fût
tout entier à la patrie ; c'est pour l'offrir encore
à la République qu'un père citoyen vous le rede-
mande. Les fiers accents de Rome et Lacédémone
retentissent encore dans son âme qui repousse et
détestera toujours les vils complots des esclaves.
Dès sa plus tendre enfance, je l'ai dédié à la vertu
et consacré à la liberté...

« Citoyens juges, je réponds sur ma tête de ma femme et de mon fils ! »

Il est à présumer que ce brouillon n'est qu'un projet contenant les idées principales du discours que prononça M. de Marolles. Il le fit, paraît-il, avec un tel éclat, que Chauveau-Lagarde s'approcha de lui, et lui dit que, quand on parlait avec tant de feu et d'éloquence, on n'avait pas besoin d'avocat.

Évidemment il était, en le prononçant, soutenu par l'espoir de sauver les deux êtres chéris qu'il disputait aux fureurs révolutionnaires. Vivant très retiré depuis plusieurs mois à la campagne, il n'avait pas vu de près fonctionner cet appareil brutal. Il pensait, par la loyauté de ses déclarations, par son langage accommodé aux idées du jour, par des concessions faites aux préjugés en cours, impressionner favorablement les juges et obtenir une sentence d'acquittement. Il ne savait

pas qu'il avait affaire à des hommes désignés, non
pour rendre la justice, mais pour fournir à l'échafaud sa pâture quotidienne. Autrement peut-être,
au lieu d'excuser sa femme de sa fidélité au roi,
aurait-il protesté contre les calomnies dont l'infor-
tuné monarque était victime; au lieu d'incriminer
l'esprit de corps des officiers, et de faire appel
aux souvenirs grecs et romains, peut-être aurait-il
montré que c'était à la forte organisation des armées
royales que la République devait ses succès contre
l'étranger.

Mais on comprend trop qu'en un pareil moment
le cœur du mari et du père l'ait emporté sur le
sentiment de l'indignation contre l'injustice hypo-
crite des dénonciateurs; on comprend que celui
qui avait voulu lui-même présenter la défense de
sa femme et de son fils, ait cherché tous les moyens
de gagner l'esprit de leurs juges.

Vains efforts! l'arrêt de mort était dicté d'avance.
La délibération ne fut pas longue. L'audience

avait duré toute la journée, les jurés avaient hâte
d'en finir. Il leur suffit d'une demi-heure à peine
pour rédiger leurs réponses, et bientôt ils entrèrent
avec un verdict affirmatif sur toutes les questions.
La peine de mort fut immédiatement prononcée
contre les neuf accusés.

JUGEMENT RENDU PAR LE TRIBUNAL
CRIMINEL RÉVOLUTIONNAIRE

Établi à Paris par la loi du 10 mars 1793
Séant au Palais-de-Justice

Qui, sur la déclaration du juré (*sic*) de jugement,
portant :

Qu'il est constant qu'il a existé, depuis le commencement de la Révolution, un complot contre-révolutionnaire, et une correspondance criminelle, tendante à
provoquer l'avilissement de la représentation nationale,
et le rétablissement de la royauté en France ;

Que Jean-Antoine *Rebours*, demeurant à Coulommiers ;

Jean-Pierre *Lebas*, ci-devant curé dudit Coulommiers ;

Augustin *Leuillot*, ci-devant curé de Saint-Remy-de-la-Vanne ;

Louis *Aubert*, dit Flégny, fils, ci-devant noble, demeurant à Coulommiers ;

Jean-Baptiste-Charles *Cagnyé*, ci-devant curé de Saint-Mars ;

Gédéon-Alexandre-Pierre *Quatresolz-Lahante*, ci-devant noble, demeurant à Coulommiers ;

Louise-Magdelaine-Charlotte Barentin, femme Quatresolz-Marolles ;

Charles-Nicolas *Quatresolz-Marolles* fils, ci-devant officier au 15e régiment d'infanterie, et à présent lieutenant dans le 1er bataillon du district de Rozoy ;

Et Augustin-François *Limenton-Chassy*, ci-devant noble, demeurant à Saint-Remy-la-Vanne,

Sont tous auteurs ou complices de ces délits, et convaincus d'iceux par les pièces de conviction produites, reconnues par chacun d'eux, le résultat des débats, et la déclaration affirmative du juré.

Condamne lesdits... (*répétition des noms*), a la peine de mort, conformément à l'article 2 de la deuxième section du titre Ier de la IIe partie du code pénal.

Du 9 frimaire an 2
De la République française, une et indivisible.

Au nom du peuple français, le Tribunal criminel révolutionnaire a rendu le jugement suivant :

Vu par le Tribunal, l'acte d'accusation dressé par l'accusateur public près icelui.

Contre... (*les noms*) ;

Duquel acte d'accusation la teneur suit... (Reproduction *in extenso* de l'acte d'accusation ci-dessus rapporté).

L'ordonnance de prise de corps, rendue par le Tribunal ledit jour 1er frimaire, contre lesdits...

(*Les noms*) ;

Le procès-verbal de remise et d'écrou de leurs personnes, en la maison de justice de la Conciergerie dudit jour.

La déclaration du juré (*sic*) de jugement faite individuellement à haute et intelligible voix, à l'audience publique du Tribunal, portant :

Qu'il est constant qu'il a existé depuis le commencement de la Révolution, un complot contre-révolutionnaire, et une correspondance criminelle, tendant à

provoquer l'avilissement de la représentation nationale, et le rétablissement de la royauté en France ;

Que... (*les noms*) sont tous auteurs ou complices de
ces délits, et convaincus d'iceux par les pièces de conviction produites, reconnues par chacun d'eux, le résultat des débats, et la déclaration affirmative du juré.

Le Tribunal,

Après avoir entendu l'accusateur public sur l'appli-
cation de la loi :

Condamne les dits... (*les noms*) A LA PEINE DE MORT,
conformément à l'article 2 de la deuxième section du
titre Ier de la IIe partie du Code pénal, dont a été
donné lecture, lequel est conçu en ces termes (*texte de
la loi*).

Déclare les biens desdits condamnés acquis à la République, conformément à l'article II du titre II de la loi
du 10 mars dernier, duquel il a été aussi fait lecture :

Ordonne qu'à la diligence de l'accusateur public, le
présent jugement sera, dans les vingt-quatre heures,
mis à exécution sur la place de la Révolution de cette

ville, imprimé [1] et affiché dans toute l'étendue de la République.

Fait et prononcé à Paris, le 9e jour du mois de frimaire, l'an II de la République française, une et invisible, à l'audience publique du Tribunal, à laquelle siégeaient les citoyens :

CLAUDE-EMMANUEL D'OBSEN, faisant fonction
de président.

CHARLES HARNY ;

FRANÇOIS-JOSEPH DENIZOT ;

et CHARLES BRAVET, *juges*,

qui ont signé la minute du présent jugement.

Au nom du PEUPLE FRANÇAIS, il est ordonné à tous huissiers, sur ce requis, de mettre le présent jugement à exécution, et aux commandants et officiers de la force publique, d'y prêter main-forte, lorsqu'ils en seront légalement requis, et aux commissaires du pouvoir exécutif d'y tenir la main, en foi de quoi le présent

---

1. C'est sur un des exemplaires imprimés conservé dans les archives de la famille, que ce jugement est reproduit.

jugement a été signé par le président et par le greffier.

Signé : HERMAN, *président,*

N.-P. FABRICIUS, *greffier.*

TIMBRE
Archives
du Tribunal
révolutionnaire.

A la main : Certifié conforme, et délivré gratis par moi, dépositaire archiviste soussigné.

(Signature.)

A Paris, à l'imprimerie du Tribunal criminel révolutionnaire.

D'ordinaire, les jugements du Tribunal révolutionnaire étaient exécutés sur l'heure. Ce jour-là, il était trop tard. L'audience, commencée à dix heures du matin, avait été suspendue à deux heures. Reprise à six heures du soir, elle n'avait été levée que fort avant dans la soirée. L'exécution fut remise au lendemain. Les condamnés eurent la nuit pour se préparer à la mort.

L'exécution est racontée, comme il suit, dans l'ouvrage publié en 1843 sous le titre *Mémoires de Sanson.*

Journal de Charles-Henri Sanson

10 frimaire.

« J'ai conduit, ce matin, deux charrettes de la Conciergerie à la place de la Révolution. Je n'avais pas, comme hier, de ces grands citoyens qui remplissent une voiture à eux seuls ; mais la quantité pouvait dédommager les curieux, car ils étaient cinq dans l'une et quatre dans l'autre, neuf en tout. Il y avait parmi eux la mère et le fils. Il a fallu les séparer de force pour les lier, tant ils se tenaient étroitement embrassés. Quand elle a vu tomber les cheveux de son fils, les cris de la condamnée étaient si lamentables qu'on eût dit qu'elle allait cracher son cœur. Nous étions tous interdits, et d'autant plus que c'était à nous qu'elle s'adressait, nous disant que la République avait bien assez de sa tête, et que nous devions faire grâce au jeune homme. C'était si fort que j'ai renoncé.

« Henri est monté dans la première charrette avec eux, et je me suis en allé avec la seconde. Mais dans le chemin, malgré le bruit des chevaux et des roues sur le pavé, on l'entendait gémir et se désoler. Les condamnés de la voiture tournaient la tête pour ne pas la voir. On n'a presque pas crié ; les femmes ont pleuré, même les plus harpies, et beaucoup ne se sont pas gênés pour la plaindre.

« Sur la place, et quoique fort abattue, elle fit une nouvelle scène. Le fils ne cessait de lui répéter qu'il était content de mourir avec elle, elle répondait avec colère qu'elle ne voulait pas qu'il mourût. Elle fut exécutée la première, et sur la plate-forme, elle me disait : « N'est-ce pas que sa grâce va venir ? » Je crois qu'elle s'était persuadée qu'on n'avait amené son fils que pour la désespérer, mais qu'il ne serait pas supplicié. Je n'ai pas eu le cœur de la contredire. Le fait est que celui-ci était bien jeune : vingt-trois ans ! »

La pauvre mère est morte avec l'espérance que son fils serait sauvé !

C'était le matin du 10 frimaire an II de la République une et indivisible, 30 novembre 1793[1].

A la suite du jugement se trouve cette mention :

TRIBUNAL CRIMINEL EXTRAORDINAIRE
ET RÉVOLUTIONNAIRE

GREFFIER DU TRIBUNAL,

Je vous envoie, citoyen, l'extrait du jugement qui condamne à la peine de mort Lebas et autres, en date du 9 frimaire, ainsi que celui du procès-verbal d'exé-

---

1. On sait que ces *Mémoires de Sanson* ne sont pas authentiques. Cependant, la scène ne peut être de pure invention. La date de l'exécution est exacte. Les noms ne figurent pas dans le cours du récit, mais sont placés en renvoi au bas de la page, et dans un ordre différent de celui du jugement. Ce livre a été écrit du vivant d'Henri Sanson, le fils du bourreau, qui a reçu trente mille francs pour prêter son nom, et, si beaucoup de ces épisodes sont imaginaires, il est vraisemblable que certains détails ont été fournis tout au moins verbalement à l'auteur.

cution dudit jugement. Je vous invite à faire la consignation de ce décès sur le registre mortuaire, et de m'accuser réception de cet extrait.

A Paris, le 24 frimaire, l'an II.

WOEFF,
C. greffier.

Reçu le 24 frimaire l'an II.

DELTRAIT,
Off. public.

On le voit, les formalités judiciaires étaient rigoureuses mais laconiques. Ces mots *Lebas et autres*, pour désigner neuf personnes exécutées, ont quelque chose de tranchant comme le couteau de la guillotine.

ÉPILOGUE

ÉPILOGUE

Le châtiment des misérables qui avaient joué un rôle actif dans ce drame se fit attendre, mais vint à son heure.

Montflobert put encore satisfaire pendant quelque temps sa passion révolutionnaire. Le 20 frimaire, il dresse à l'État civil son acte de « débaptisation civique » et se fait inscrire officiellement sous le nom de Dix-Août. Aidé de quelques Jacobins acharnés, il multiplie ses actes de vandalisme. Les tableaux des églises sont enlevés, les croix abattues, les bois et ornements des reposoirs mis au enchères, la cire des cierges vendue pour faire des chandelles à l'usage des écoles. Le 23 frimaire, le Conseil général de la commune prend un arrêté pour abolir la quête instituée par le curé

guillotiné. La quête sera faite désormais par six
citoyennes désignées par la Société populaire. Il
est défendu à la citoyenne La Guillaumie « de
quêter et de continuer un bureau d'aristocratisme,
de fanatisme et de contre-révolution ». Le montant
de la quête est remis à la citoyenne Cordier, femme
du citoyen représentant à la Convention, nommée
« citoyenne de Charité ».

Un jour, Dix-Août propose la démolition des
clochers comme portant atteinte à l'égalité. Dans
toutes les communes environnantes, le culte est
suspendu, les insignes religieux sont mutilés.

Mais la contrée était encore profondément catholique. Les attentats contre les objets du culte,
s'ajoutant à l'indignation produite par l'arrestation
et la mise à mort de personnes universellement
estimées, provoquent un soulèvement des paroisses
environnantes. Un rassemblement se forme, un
jour de marché, à Coulommiers. La foule entoure la
maison du maire en poussant des cris menaçants.

Dix-Août n'échappe à la fureur des paysans que grâce à la protection de la force armée.

Cependant, l'insurrection prend des proportions grandissantes; à la fin de décembre, des manifestations se produisent aux cris de : « Vive la religion catholique ! Nous voulons nos Bons-Dieux ! Vive Jésus ! Au diable la Société populaire ! » Seize communes voisines es soulèvent. Les paysans s'arment de faux, de fourches, de fusils.

Alors, sur la demande de Cordier et de Montflobert, tout le pays est occupé militairement. Deux nouveaux commissaires de la Convention, Godefroy et Morisson, parcourent les communes environnantes, disposant d'une force armée qu'ils évaluent dans leurs rapports à 20.000 hommes. De véritables batailles sont livrées entre les villageois et les soldats ; on compte des morts de part et d'autre ; les commissaires emmènent plus de six cents prisonniers.

Le calme se rétablit sous le coup de cette répression violente. La plupart des prisonniers furent relâchés, mais l'occupation militaire fut maintenue pendant six mois, et Montflobert put fournir de nouvelles victimes au Tribunal révolutionnaire. Ses amis Leduc et Dejouy le pressaient d'en finir avec les vaillantes femmes qui les avaient si vigoureusement malmenés à l'église.

L'affaire eut son dénouement le 12 pluviôse an II (31 janvier 1794). Les femmes Deltombe et Blancheton, qui étaient à la tête des « Saintes femmes » furent condamnées à mort et exécutées avec d'autres habitants de Coulommiers, M. Ogier de Baulny, accusé, sans preuve aucune, d'avoir « émigré son propre fils », M. Maulnoir, l'ancien juge de paix qui s'était déclaré incompétent, Merlin et Prévost, officiers municipaux, Martin, médecin, Igonnet, fripier.

Pendant quelques mois encore, Dix-Août exerça, à Coulommiers et dans les environs, un pouvoir tyrannique. A la fois dénonciateur et juge, il four-

nissait des victimes au Tribunal où il siégeait. Il se
vantait de n'avoir jamais donné sa voix pour un
acquittement, et se félicitait d'avoir l'oreille un peu
dure. ce qui l'empêchait d'entendre les arguments
de la défense. Il exprimait sa colère du courage
avec lequel les condamnés affrontaient la mort, et
disait qu'on devrait les saigner à blanc avant l'exécution pour qu'ils montrassent moins d'arrogance.

La mort de Robespierre mit un terme à cette
sinistre dictature. A ce moment Dix-Août avait
marqué cent cinquante victimes pour l'échafaud.
Déjà, depuis quelque temps, il était en désaccord
avec la Société populaire, qu'il ne trouvait pas
assez ardente au gré de ses désirs. Mais l'heure du
châtiment avait sonné.

Le 25 thermidor, Dix-Août cesse ses fonctions
de juré au Tribunal révolutionnaire. Il revient à
Coulommiers, et veut reprendre la direction de la
mairie. Mais il rencontre une hostilité ouverte, et,

à partir du 2 fructidor, son nom ne paraît plus sur les registres ; le 3 ventôse, Salignac, représentant du peuple, destitue le maire de Coulommiers, dissout le Conseil général de la Commune, et nomme une autre municipalité.

Dès qu'il apprend l'arrestation de Fouquier-Tinville, Dix-Août se munit d'un certificat de civisme. Mais il est bientôt arrêté lui-même, et le 8 germinal an III, 28 mars 1795, il est assis au banc des accusés, en compagnie de ses complices[1].

Il se défendit avec énergie, niant effrontément avoir été le dénonciateur de ses administrés[2]. Comme ses coaccusés, il cherchait sa justification dans les lois rigoureuses dont il prétendait être l'exécuteur, et s'efforçait de faire retomber la res-

---

1. Pour tout ce procès, voir Wallon, *Tribunal révolutionnaire*, t. VI.

2. De nombreux documents prouvent son imposture, entre autres la dénomination signée de lui, contre le médecin Martin. Voir aux *Annexes*, page 333.

ponsabilité de son crime sur les Comités de Salut public.

« A-t-on oublié, disait-il, que le mouvement révolutionnaire le voulait ainsi (la rapidité des jugements), qu'il existait des lois qui mettaient les aristocrates hors la loi, et la Terreur à l'ordre du jour ? A-t-on oublié surtout la loi du 22 prairial qui portait des dispositions terribles, et qui conférait des fonctions plus terribles encore ? »

Enfin, avec un geste déclamatoire :

« J'ai jugé en mon âme et conscience, s'écria-t-il, ma tête est prête. »

Sa cynique impudence ne réussit pas à le sauver. A son tour, il entendit le tribunal révolutionnaire prononcer sa sentence de mort.

L'exécution eut lieu le 18 floréal. Au moment de monter à l'échafaud, Dix-Août répéta encore qu'il était innocent, et que c'était grâce à son énergie et à celle de ses pareils, que la République était sauvée.

Quelques minutes après, sa tête roulait dans le panier.

Les autres acteurs de ce drame finirent presque tous misérablement.

Le conventionnel régicide Cordier, obligé de quitter la ville sous le poids d'une réprobation générale, alla traîner une vie obscure et méprisée en Belgique, où il mourut dans un dénuement complet, le 24 octobre 1824.

Quant au chantre Leduc, il vécut quelques années à Coulommiers, objet de répulsion pour tous, et disparut un jour, on ne sait comment.

ANNEXES

PIÈCES JUSTIFICATIVES

ANNEXES

ANNEXE 1

*Extraits des registres des délibérations du Conseil général
de la Commune de Coulommiers*

SÉANCE DU 21 NOVEMBRE 1791

PRESTATION DE SERMENT ET RÉCEPTION DE M. LE ROY EN QUALITÉ DE MAIRE

M. Cordier parle de l'incompatibilité des fonctions
de maire et de juge de paix auxquelles il vient d'être
nommé; qu'il a été procédé le jour même au matin,
après la messe de huit heures, en l'église Sainte-Foi, à
la nomination d'un nouveau maire; que M. Le Roy a
réuni la pluralité des suffrages, et qu'alors l'assemblée
et la municipalité escortées de la garde nationale
s'étaient rendues à l'église paroissiale où avaient été
chantés en actions de grâces un *Te Deum* et un
Domine, salvam fac gentem, accompagnés de décharges
de boîtes de la ville; qu'ensuite on s'était rendu à
l'hôtel de ville pour la prestation du serment où
M. Cordier aurait dit au nouvel élu : « Avant de rem-

plir les fonctions de maire où vous venez d'être élu, l'article 48 de la Constitution municipale exige de vous le serment de maintenir de tout votre pouvoir la constitution du royaume, d'être fidèle à la nation, à la loi et au roi, et de bien remplir vos fonctions. » Le Roy levant la main a dit : « Je le jure. » Puis M. Cordier se dévêtissant de l'écharpe et la remettant à M. Le Roy lui a dit : « Monsieur, décorez-vous des marques de votre dignité. » Le Roy occupa alors la place du maire avec nouvelles décharges de boîtes pour annoncer l'installation du nouveau maire.

ANNEXE II

CÉRÉMONIE DE LA BÉNÉDICTION DU DRAPEAU ET DE DEUX ORIFLAMMES

M. le maire explique qu'aux termes du décret du 12 juin dernier, les drapeaux des différentes compagnies doivent être déposés aux voûtes de l'église. Pour s'y conformer, la municipalité convoqua le Conseil général de la Commune le 24 octobre 1790, et l'on y décida l'achat d'un drapeau et de deux oriflammes, avec les cravates aux couleurs de la nation, pour la garde nationale, grenadiers et chasseurs, jusqu'à concurrence de trois cents. M. Mondollot les acheta dans un voyage fait à Paris, au prix de 293 fr. 10 compris le port. On fixa donc le dépôt des anciens drapeaux et la bénédiction des nouveaux au dimanche 28 novembre ; on invita la garde nationale de Meaux d'envoyer douze députés et on régla la cérémonie.

Le samedi 27, un détachement de la garde nationale est envoyé au-devant de nos confrères de la garde nationale de Meaux : un coup de canon avertit de leur arrivée, et le maire avec plusieurs membres de la municipalité se rendent à l'hôtel de ville : deux coups

de canon annoncent qu'ils ont passé les portes de la
ville; ils arrivent à la porte de l'hôtel commun et sont
introduits par deux municipaux dans la chambre du
Conseil. L'officier commandant présente au maire l'acte
de nomination des députés, lequel acte demeure annexé
au procès-verbal et « témoigne la satisfaction et le
plaisir que des citoyens avaient de se réunir et combien
ils seraient charmés de leur donner des preuves de
leur attachement et de leur sincère fraternité ». Les
billets de logement sont distribués pour les amis et
connaissances des dits députés. « Un seul fut renvoyé
à l'auberge sans être admis à parler au maître de la
maison. Nous en faisons mention, afin de consigner la
peine que nous éprouvons de l'incivisme du citoyen qui
a négligé de remplir les devoirs sacrés de l'hospi-
talité. »

Le dimanche 28 novembre, la générale est battue à
sept heures, l'assemblée à neuf heures, et le rappel
aussitôt. Les sections formées devant le logement de
leur capitaine sont aussitôt conduites par leur officier
au rendez-vous général de l'hôtel commun. Lorsque les
grenadiers furent arrivés, un détachement de douze
des leurs alla chercher leurs drapeaux de l'arquebuse,
ceux de la fusillerie et de l'arc, qui furent portés par
les officiers des diverses compagnies à la tête de leur
division; les quatre anciens drapeaux de la garde
nationale des quatres compagnies vinrent immédiate-
mènt après; le nouveau drapeau et les deux oriflammes

dans leurs étuis furent placés au centre de la division.

Une heure avant, des sentinelles, placées dans l'église à l'entrée du chœur et des nefs Saint-Nicolas et de la Sainte-Vierge et au banc de l'œuvre, ne laissaient pénétrer dans les stalles et bancs que les prêtres et les personnes abonnées et les notables devant prendre place au banc d'œuvre avec le marguillier en charge.

Les officiers municipaux étant tous arrivés, M. le maire, escorté de deux sergents de ville, le cortège se forme. En tête de la troupe, MM. les officiers nos frères de Meaux; MM. les grenadiers, chasseurs, fusiliers : enfin, un détachement de grenadiers conduit par les officiers ouvre la marche; la municipalité ayant le maire à sa tête le précéda et fut suivi du gros de la troupe; la maréchaussée fermant la marche pendant laquelle il fut tiré trois coups de canon; le cortège passa par la place du Marché, prit la rue de l'Orme Chaumont, et descendit ensuite à droite jusqu'en face de la principale porte de l'église.

La municipalité placée, les officiers de Meaux et l'état-major se mirent dans le chœur en bas du sanctuaire, deux officiers et quatre grenadiers dans le sanctuaire, six des anciens drapeaux à gauche derrière les grenadiers. Le nouveau drapeau et les oriflammes à la porte du chœur dans leurs étuis. Les notables au banc d'œuvre ; les grenadiers à la tête de la grande nef; la première section à la chapelle Saint-Nicolas; la deuxième à la chapelle de la Sainte-Vierge ; la troisième derrière les grenadiers ; la quatrième derrière la première ; les chasseurs derrière la deuxième et la maréchaussée fermant le cortège.

La cérémonie religieuse commence par le *Veni Creator*, puis la messe; on attache alors aux drapeaux et oriflammes les glands et cravates tricolores. A l'évangile on ôte les étuis, et on déploie lesdits drapeaux et oriflammes pour les porter au chœur et les faire bénir. On aperçoit alors sur un côté du drapeau un faisceau d'armes surmonté du bonnet de la liberté, ceint par une couronne civique avec cette inscription : La nation, le roi et la loi; et dans la terrasse : Garde nationale de Coulommiers, passant en forme de légende un casque, un bouclier et autres trophées. De l'autre côté, un canon sur son affût, des boulets au pied avec les attributs nécessaires à son service; sur le canon un coq aux trois couleurs et cette devise : « Je veille pour la liberté. » L'oriflamme des grenadiers porte des bouches de grenades avec le mot « grenadiers ». Au revers une grenade et cette inscription au-dessus : Vaincre ou mourir. Aux quatre angles des grenades et aux deux côtés une bombe et une hache. L'oriflamme des chasseurs porte, d'un côté, leur nom avec leurs attributs et, de l'autre, une couronne civique et cette inscription : « Liberté, égalité ou la mort ».

M. le curé prononce alors un discours dont il refuse de donner copie malgré que le maire le lui eût demandé par lettre, pour l'insérer au procès-verbal.

Puis a lieu la bénédiction des drapeaux. Les anciens drapeaux sont déposés contre les parois du chœur. Les tambours battent, et le serment est prononcé par un officier supérieur dans cette forme : « Citoyens soldats, nous jurons sous nos drapeaux de ne les jamais abandonner, de défendre la Constitution et notre liberté jusqu'à la dernière goutte de notre sang et de combattre les ennemis de la patrie jusqu'à leur extinction. »

Tous les gardes nationaux levant la main, répondent : « Je le jure ». Salves d'artillerie, roulements de tambour. Le procureur de la commune requiert acte du dépôt des autres drapeaux.

Alors M. le maire monté en chaire, pour être mieux entendu, prononce le discours suivant :

« La cérémonie qui vous rassemble, mes chers concitoyens, présente des idées imposantes : l'empire renouvelé, les abus anéantis, les chaînes brisées et les débris de notre esclavage relégués aux voûtes de nos temples ; le sentiment de la liberté nous était même inconnu : cependant ce sentiment est si fait pour nous, que je me rappelle avec plaisir l'enthousiasme avec lequel vous avez adopté cet emblème : Je veille pour la liberté. D'après cet élan de vos cœurs, les vieillards, vos femmes et vos enfants n'ont plus rien à redouter... Il n'en est certainement pas un seul qui ose apporter au milieu de cette pompe militaire et patriotique, des vœux contraires au bien général. S'il existait encore un seul partisan de ce régime oppresseur dont enfin le règne expire, qu'il fixe ces anciens drapeaux, derniers débris de notre esclavage, qu'il se rappelle cet orgueil qui le terrassait... ce despotisme dont il était le jouet... cette vénalité dans les emplois qui l'abandonnait presque toujours au pouvoir du riche et du puissant, le plus souvent, sans vertus et sans mœurs; s'il est assez insensé pour regretter encore, si ce spectacle n'émeut pas son âme, plaignons-le et l'abandonnons au temps qui, déployant devant lui le tableau de la félicité publique, lui fera goûter ce sentiment qui vous anime.

« Pour vous, généreux citoyens, qui savez apprécier le nouvel ordre de choses qui se prépare, qui avez secoué les préjugés, comme le lion endormi, à son réveil, secoue la goutte de rosée tombée sur sa crinière, qui avez déchiré le voile qui vous cachait la vérité, qui, enfin, avez brisé vos fers, vous répéterez sans cesse à votre postérité naissante : liberté, égalité ou la mort! Dignes par vos sentiments d'exister au sein de cet empire, vous saurez respecter les lois comme vous avez su les défendre, vous qui avez pris pour mot de ralliement et qui nous l'avez dicté vous-mêmes: Vaincre ou mourir! Venez, généreux citoyens, accourez autour de ces anciens drapeaux, mais pour tressaillir de joie, mais pour célébrer le moment qui va leur substituer ceux de la liberté. Ne fixez jamais ces trois couleurs sans vous retracer quels en sont les glorieux emblèmes : par elles s'est soutenue l'union de tous les Français;

par elles vous avez déjoué l'aristocratie et ses projets
sanguinaires ; par elles se maintiendra notre liberté ;
par elles se soutiendront ces lois qui feront le bonheur
de l'empire ; par elles, enfin, vous fixerez sur vous les
regards de l'univers.

« Et vous, généreux frères, qui accourez vous mêler
parmi nous, vous qui nous retracez l'exemple de ces
fédérations majestueuses qui impriment l'effroi dans le
cœur des ennemis du bien public et raniment l'espérance du Français patriote, recevez nos félicitations et
l'assurance de la plus inviolable amitié ; jurons d'être
toujours amis, que le pacte d'alliance des citoyens de
Meaux et de Coulomniers passe à notre postérité la
plus reculée et qu'il constate qu'à la face du Dieu vivant
nous renouvelons cet auguste serment d'être fidèles à
la nation, à la loi et au roi. »

Contre l'usage, et pour la première fois, il y eut des
applaudissements plusieurs fois répétés, ce qui obligea
M. le maire de rester quelque temps de plus dans la
chaire pour marquer sa reconnaissance à nos concitoyens de leur patriotisme.

La messe continue avec le *Domine, salvam fac gentem* et le *Te Deum*, chantés en musique. La femme
de Cordier, juge de paix, conduite par le commandant
du détachement de Meaux, fait la quête.

Retour à la maison commune par la place Saint-Denis
et les rues de la Pêcherie, Basse, aux Vaches, des
Prisons et de Meaux. On remet les drapeaux. La

cérémonie avait duré de onze heures à une heure
et demie.

Suit un festin offert par la garde municipale dans
une des salles de l'Hôtel-Dieu, au-dessus de la salle des
femmes. Table en fer à cheval de deux cents couverts ;
cent cinquante plats ; le maire préside. Cris de « Vivent
nos frères de Meaux ! » Le maire but à la santé de la
Nation française, de l'Assemblée Nationale, de
Louis XVI, restaurateur de la liberté, enfin au nom
de la municipalité, à l'union des gardes nationales
Meldoise et Columérienne et de tous les patriotes de
la France.

Les délégués de Meaux burent à la santé de Messieurs
de Coulomniers et se réunirent tous pour boire à la
santé de M. le maire, « qui a requis que l'on l'insérât
au présent procès-verbal, comme un encouragement
pour vaincre tous les obstacles que les malinten-
tionnés pourraient mettre à son zèle pour le bien
public, que pour avoir continuellement présent devant
les yeux, les grandes obligations attachées à la place
dont ses concitoyens l'avaient honoré.

Ensuite escrime entre les frères de Meaux et de
Coulomniers dans la salle de l'hôtel commun. Enfin,
bal dans trois endroits : à la maison commune, chez un
particulier, et chez le maire à la demande de quelques
personnes : on ne cesse qu'à minuit. Patrouilles et
rondes des officiers municipaux.

Le lendemain, certificat délivré par le maire aux

délégués de Meaux, déjeuner offert à ces derniers, puis séparation après mille protestations d'amitié.

Signé : Le Roy, maire, Gillet, Berthereau, Brézillon, Précelle, Bernard et Dauvergne, officiers municipaux, Mondollot, procureur de la commune, et Drouet, secrétaire-greffier signé au bas du présent acte.

ANNEXE III

DU 14 AVRIL 1791

Discours de M. Le Roy, maire

« Il étonna l'univers, rendit sa patrie libre et mourut. »

« Vous êtes trop amis de la Révolution, mes chers concitoyens, pour ignorer les causes qui l'ont opérée, pour n'avoir pas gravé dans vos cœurs les noms chéris et vénérés de ceux qui ont posé les premiers fondements de la Constitution, et qui l'ont élevée et affermie par leurs talents, leurs lumières et leur courage. Rendre sa patrie libre, le peuple d'un grand empire heureux et le modèle de l'univers, sont des bienfaits qui rapprochent de la divinité même ceux qui en sont les auteurs.

« Tels sont les grands traits qui caractérisent l'homme immortel qui nous rassemble à cette cérémonie funèbre.

Depuis longtemps, dans ses ouvrages, Mirabeau, le Démosthène français, s'était élevé contre l'orgueil, contre le despotisme ; son cœur brûlait du noble désir de régénérer sa patrie ; et les destins qui veillaient sur la France lui inspirèrent le sublime enthousiasme qui lui a fait ambitionner l'honneur d'être un de ses représentants. Le grand homme doit savoir s'apprécier et désirer d'être placé dans un jour favorable lorsque son génie lui dit que les peuples engourdis sortiront de leur assoupissement à sa voix éloquente.

« Mirabeau revêtu des pouvoirs que lui avaient confiés ses concitoyens, courbés, à la vérité, sous un honteux esclavage, mais éclairés sur leurs droits, mit toute sa gloire à remplir les nobles espérances que ses talents avaient fait concevoir. Dès ce moment, il devint l'homme de la nation, ne vit qu'elle : les peuples, les rois, les puissances, les infortunés qui gémissent sous le chaume, tous furent égaux à ses yeux comme à ceux de l'Être suprême. Son civisme fut inébranlable. Il trouva toujours des ressources ; il regarda comme une pusillanimité indigne d'un représentant du peuple, de ne pas entrer dans de vastes projets s'il en devait résulter l'avantage de l'empire. Il savait que tout est permis lorsqu'il s'agit des grands intérêts d'un peuple souverain, devant la majorité duquel tout doit s'abaisser.

« Pour vaincre les obstacles qui s'opposaient à la régénération de l'empire, il eût tout sacrifié, sa vie, sa réputation même ; toujours à son poste, fidèle à vos intérêts, il savait à la fois démêler, combattre et détruire ces motions captieuses dictées par l'orgueil et le délire. Les restes monstrueux de ce funeste édifice que l'orgueil et l'avarice avaient élevé pour asservir toute l'Europe, s'écroulèrent à la voix de ce grand homme. Peu de temps avant sa mort, il prit le généreux engagement de combattre toutes les factions. Ses grands talents l'en eussent fait triompher ; mais une mort prématurée peut enhardir encore ces génies malfaisants, qu'un regard de Mirabeau eût anéanti.

« Vous n'avez pas sans doute oublié cette réponse sublime qu'il fit au commencement de la Révolution, en ce moment où l'anxiété et l'angoisse tenaient tous les Français dans une inquiétude alarmante et douloureuse, à ceux qui, au nom des pouvoirs prêts à s'écrouler, vinrent pour dissoudre cette assemblée. « Allez, leur dit-il, allez dire à ceux qui vous ont envoyés, que vous nous avez trouvés fermes et inébranlables ; que nous sommes ici par la volonté du peuple et que nous n'en sortirons qu'à coups de bayonnettes. »

« Mirabeau ! tu ne démentis jamais cette mâle énergie ; tu nous as toujours portés dans ton cœur ; et dans tes derniers moments, lorsqu'une foule innombrable de peuple, le désespoir dans l'âme, environnait ta demeure pour lire dans les yeux de ceux qui t'approchaient ce que l'on devait craindre ou espérer, avec ce sentiment profond de l'amour public : « Il m'est doux et glorieux, disais-tu, après avoir vécu pour le peuple, de mourir au milieu de lui. »

« A ton dernier moment, au plus fort des angoisses d'une cruelle mort, tu ne l'entretenais que de l'Assemblée Nationale, tu veillais encore à nos intérêts et à notre gloire; tu remis à l'évêque d'Autun, ton illustre ami, un ouvrage sur les dispositions testamentaires qui porte l'empreinte de ton génie. Ta vie publique et ta mort furent d'un grand homme, d'un sage; tu as vu sans effroi ouvrir ton tombeau, et d'un œil serein tu as considéré la fin de ta carrière comme le soir d'un beau jour.

« Les nations dignes de la liberté partageront nos regrets : l'univers entier, que tu étonnes par ton génie, tes lumières profondes, tes vertus civiques et politiques, ta philosophie mâle, éprouvera ce sentiment que respire la mort d'un homme pleuré de tout un peuple. Une tristesse religieuse se répandra dans tous les cœurs des amis de l'humanité. Les nations, même les plus asservies, ne pourront, sans être émues, lire les détails de tes travaux glorieux, de ta mort, et de notre reconnaissance ; elles ne pourront s'empêcher de regretter de n'avoir point été ton compatriote; elles rougiront d'être affaissées sous un esclavage contre lequel tu t'es fortement élevé et que tu as détruit et anéanti pour jamais dans ta patrie. Tes cendres, Mirabeau, seront encore éloquentes, les étrangers viendront pleurer sur ta tombe, en lisant ces mots que

l'amour des Français y aura fait graver : Cy-gît le
père de la patrie! Ils viendront y puiser l'amour de
la liberté; ils viendront, à notre exemple, approfondir
les sombres détours du despotisme, et la politique
meurtrière des aristocraties féodales, ministérielles et
sacerdotales; leur courage s'éveillera, et l'univers par-
tagera tes bienfaits.

« Ta mort, que dis-je? ta mort! la mort d'un homme
tel que toi est une nouvelle vie : ton ombre parcourra
toute la France; elle éveillera le courage de tous les
Français. Oui, chers concitoyens, il naîtra des hommes
de génie des cendres de ce grand homme.

« Apprenons donc à l'univers que notre reconnaissance ne se bornera pas à lui rendre nos hommages
funèbres. Soyons, à son exemple, d'excellents citoyens;
prenons sur sa tombe l'engagement avec lui de combattre toutes les factions. Devenons les plus zélés
défenseurs de notre sublime Constitution, soutenons-la
de toute notre énergie. Que le civisme reprenne encore,
s'il est possible, un plus beau lustre; perfection-
nons, par notre obéissance aux lois, l'ouvrage que
Mirabeau a si bien commencé et si bien conduit, et ne
sortons point de cette cérémonie funèbre sans jurer de
nouveau, dans le fond de nos cœurs, d'êtres fidèles à la
nation, à la loi et au roi! »

ANNEXE IV

LETTRES DIVERSES

Mme *de Marolles à M. Leuillot*

Rue de Verneuil, 14 février 1792.

Vos conseils toujours si sages, Monsieur, nous ont déterminés à ne point écouter les sollicitations de M. Delagarde, relativement au moulin de la Planche. Je n'ai pas été à même de le voir depuis longtemps et je crois fort qu'il ne nous donnerait pas, à beaucoup près, ce que vous estimez cet emplacement. Ce n'était qu'avec répugnance que je voyais sa démarche, dans la crainte que M. de Marolles y acquiesse...

J'éteins avec tout ce que je peux de nos rentes; je crois que c'est le plus sûr dans la loi où nous sommes; dussions-nous après éprouver des revers, au moins ce qui nous resterait sera à nous; et puis ce malheureux papier ne vaut rien en relique. J'ai eu la visite, il y a quelques jours, de M. Tiercelin, quoiqu'à l'unisson de M. de Marolles ils me mettent du baume dans le sang, j'ai peine à voir nos affaires générales aussi belles qu'ils me le promettent. Ils sont bien éloignés de voir la France en danger. Puisse l'Être suprême les inspirer ; tout le monde ne voit pas de même.

De la même au même

21 février 1792.

J'ai besoin d'avoir recours à vous, Monsieur, pour savoir si les bruits qui courent ont quelque fondement. J'apprends de plusieurs côtés que les habitants de Saint-Remy ont résolu de brûler notre château ; qui les aurait donc portés à une telle barbarie? Ce ne peut être assurément par vengeance. En avez-vous entendu dire quelque chose. On ajoute que la chose serait faite si les villages d'alentour avaient voulu les seconder. Malgré la probabilité de ce fait, j'ai encore de la peine à croire que vos habitants ayent eu cette pensée, ne sachant vraiment pas qui peut leur avoir suggéré. Il serait bon de savoir si toutefois cela est vrai, quels motifs ils ont et qui a pu leur inspirer, car j'ai peine à croire que cela vienne d'eux ; il y a des gens qui donnent des conseils et qui se tiennent cachés! Que cette découverte serait heureuse! Avec de la prudence, je crois que vous pourrez en venir à bout. Il n'y a qu'un éclaircissement qui puisse nous tirer d'inquiétude, car rien ne l'est davantage que la crainte d'apprendre, d'un moment à l'autre, que sa possession est brûlée. Toute vieille

qu'elle est, nous perdrions encore beaucoup. Je ne
m'imagine pas que vos habitants politiquent assez pour
voir sur les papiers tels que Carra que mon mary a été
sur la liste des ministériels parce qu'il n'a pas voulu
être de la dénonciation contre le ministère de la Marine,
ce qu'il croyait injuste. Il a eu cela de commun avec les
honnêtes gens. Ce peut être un crime pour les contraires, mais comment le saurait-on à Saint-Remy?
Enfin, Monsieur, je vous avoue que je ne m'en prends
point du tout à Pierre et Paul de Saint-Remy, mais au
chef qui ne fait qu'exciter et qui veut prouver à mon
mary qu'il a eu tort d'être où il est. J'aime à croire qu'il
sera mal secondé. Quel intérêt auraient nos voisins, tout
paysans qu'ils sont, de faire du mal à ce qui ne leur
veut que du bien? je conviens que beaucoup d'autres
que nous en pouvaient dire autant et n'ont pas moins
éprouvé des injustices, mais je suis confiante dans nos
voisins. Aussi, Monsieur, je ne leur impute pas cette
pensée; si elle était d'eux, ils l'eussent exécutée; ils ont
eu un mauvais conseil. C'est l'auteur qu'il serait essentiel de découvrir. Je me reproche d'en faire le soupçon.
Servez-nous, de grâce, en ami. Découvrez la trame et
surtout toute votre prudence et ne me compromettez
pas, cela est essentiel.

J'ai eu l'honneur de vous écrire le 14 pour vous prier
de me faire six cents livres. Avertissez-moi, je vous
prie, lorsqu'ils sont entre vos mains. Je n'ai pas encore
de nouvelles de mon fils. Par surcroît d'inquiétude, il

y a aux isles une maladie épidémique. Hélas! Monsieur, ma vie est bien remplie d'épines. Dieu veuille avoir pitié de moi et des miens. Il faut du courage pour soutenir les événements qui se préparent, les ennemis sont bien acharnés l'un contre l'autre. *Mon mary n'en a que plus d'ardeur; sans vouloir être d'aucun club, il va être de celui de coalition qui se trouve au point milieu de ceux Jacobins et Feuillants. Il faut nécessairement des têtes froides et sensées pour les mettre tous deux à la raison. Tous deux en sens contraire ne valent rien. Il attend des merveilles de ce tiers qui deviendra majorité; elle a bien de la peine à se former en noyau, il vaut mieux tard que jamais. Je désire que tout le monde s'en aperçoive et s'en ressente*[1]. Recevez, Monsieur, les tendres hommages de mon mary, de mes enfants, et l'assurance du respectueux attachement avec lequel j'ai l'honneur d'être votre très humble et très obéissante servante.

B. DE M.

Monsieur, Monsieur Leuillot, prieur, curé de Saint-Remy-de-la-Vanne, par Rebais-en-Brie.

De la même au même

Rue de Verneuil, 9 mars 1792.

Je ne sais pas précisément, Monsieur, d'occasion

---

1. Passage relevé par le jugement.

prochaine pour me faire parvenir ce que vous avez entre
les mains ; mais, comme il s'en présente souvent de
Coulommiers, voulez-vous bien avoir la bonté d'envoyer
votre petit paquet à Mme de Laboulaye. Elle veut bien
se charger de mes petites affaires ; elle saura le moment
de m'envoyer votre lettre. Il me semble que voilà le
moyen le plus court et le plus sûr. Il faut trop de formalités par la poste. Tout en concevant les raisons de
M. Davigny, je suis très fâchée des raisons qui m'em-
pêchent de le rembourser, l'étant moi-même de tous les
côtés. Je trouvais un faible dédommagement à éteindre
par ce moyen mes rentes. Vous savez, Monsieur, l'impossibilité de rembourser en espèces, et d'ici longtemps
les moyens ne seront pas plus faciles. Quant aux six
mois d'avance pour l'en avertir, nous y touchons en
grande partie. Mon homme d'affaires lui a écrit au mois
de décembre pour lui annoncer comme on fait ; les raisons du retard des remboursements ne sont que pro-
cédés de notre part, puisque la loi est en notre faveur.
Je vais toujours liquider d'autres côtés ; mais dans deux
mois, si les choses persistent telles qu'elles sont et que
je m'y voie vraiment obligée, il faudra bien que le sieur
Davigny y consente. Si je ne voyais pas, pour ainsi
dire, mon bien perdu, je n'agirais pas avec autant de
rigueur. Mais, Monsieur, mettez-vous à ma place, de
quels côtés puis-je placer mes papiers ? Ce ne sont que
des sommes assez fortes pour acheter ; après cela, est-il
sûr ? Il n'y a pas de meilleur moyen pour ne pas man-

ger les biens de mes enfants que d'éteindre des rentes ! Il faut être mère et aimer ses enfants pour bien en sentir la nécessité. Comme j'ai encore deux mois suivant le contrat, à cette époque je verrai ce que je pourrai pour le mieux.

Il résulte du Comité d'éducation, que les maisons religieuses sont supprimées ; mais il y aura une réélection des membres qui se feront inscrire au district et au département pour continuer l'éducation jusqu'à l'établissement des écoles primaires, secondaires et des collèges. Le mode de ces réélections n'est pas encore déterminé, on en doit faire le rapport très incessamment.

Je n'ai pas encore de nouvelles directes de mon fils ; je sais seulement que son navire est arrivé à bon port.

J'avais un pressentiment secret, Monsieur, que la paroisse de Saint-Remy ne nous voulait point de mal ; le bruit, comme vous avez vu, ne m'inquiétait que très peu, je suis fort aise de pouvoir constater leurs bonnes intentions qui doit déconcerter les âmes assez viles pour faire courir de pareils bruits. Ils ont cru, en choisissant Saint-Rémy, nous prouver que, si celle-là en était capable, ce que nous devions craindre des autres. Ils se sont trompés. La confiance que j'ai dans le troupeau que vous conduisez, monsieur, m'a fait me douter tout de suite, du piège que l'on nous tendait. Loin d'y tomber, j'aurai recours à vous, Monsieur, pour nous envoyer vos braves habitants, en cas que nous ayons besoin d'être secourus. Mais j'espère que nous n'aurons besoin que de leur bonne volonté, et que, quelques mauvais conseils qu'on donne à nos voisins, ils sauront toujours distinguer qu'on ne leur a jamais fait de mal mais qu'au contraire, on n'aurait rien épargné pour leur faire du bien.

M. de Marolles a l'honneur de vous offrir ses hommages, mes enfants y joignent leurs tendres respects. Nous vous prions de faire, Monsieur, nos compliments à M. de Chassy.

Agréez, Monsieur la nouvelle assurance, du respectueux attachement avec lequel j'ai l'honneur d'être, Monsieur, votre très humble et très obéissante servante.

B. DE MAROLLES.

A Monsieur, Monsieur Leuillot, prieur, curé de Saint-Remy-de-la-Vanne, par Rebais-en-Brie.

De la même au même

26 mars 1792.

Mme de Laboulaye vient de me faire passer, Monsieur, les six cent vingt-six francs dix sols, que vous m'avez annoncés. Ce sont sans doute des acomptes des quatre fermiers que vous avez eu la bonté de prendre sous votre protection. Si, dans un moment de crise, vous pouvez me faire note de ceux qui vous les ont donnés vous m'obligerez.

20

Nous sommes assez tranquilles ici, nous finirons, je crois, par ne plus avoir peur depuis le temps qu'on nous menace et que nous ne voyons rien. Hélas ! tous les coins du royaume n'en disent pas autant. Ceux qui jugeront de pareilles horreurs, ont bien des reproches à se faire, M. de M... en gémit, mais a toujours sa même contenance d'assurance inébranlable. Les bruits de la cabale ne le font point changer. On aura beau faire, on atteindra le but, qui ne serait pas si épineux, s'il y avait plus de bonne foi. Ce manque fait le mal de tout le monde.

Agréez, Monsieur, l'assurance de notre respectueux attachement. Point encore de nouvelles de mon fils.

A Monsieur, monsieur Leuillot, prieur de Saint-Remy-de-la-Vanne.

Mme de Marolles à M. Cagnyé, curé de Saint-Mars.

A Paris, ce 20 janvier 1792.

Je viens, Monsieur, d'écrire à M. Robert, pour lui indiquer une occasion pour me faire parvenir son terme de Noël sur lequel je lui mande de déduire onze livres, lui enjoignant de vous les remettre, et que vous aurez la bonté de lui donner quittance. Vous savez que cette somme vous revient ; cette somme est celle du billet de deux cent francs que vous avez eu la bonté de nous faire passer, et que nous avons reçu mercredy.

M. de Marolles a donné un reçu à cette personne que je ne connais pas, et qui venait de la part de M. Thoret par commission pour M. Michon.

Il y a apparence, Monsieur, que c'était une erreur du ministre qui avait si fort grossi la taxe des impositions. On dit qu'elles vont se restreindre, la multitude de réclamations y oblige. Avez-vous eu la bonté de vous occuper du renouvellement de la ferme.

. . . .

Je n'ai pas encore de nouvelles de mon pauvre voyageur, il est bien près de voir la terre. Je ne le crois pas arrivé, à moins d'un vent bien favorable qui, en effet, a existé. Nous avons eu des nouvelles bien affligeantes de ce pays-là. Mais on nous annonce encore une fois le calme. La présence des troupes contiendra sans doute ces malheureux. De tous côtés, on ne voit que situations affligeantes, quoique les opinions soient ici assez opposées. *Nous ne pourrons guère sortir du bourbier où nous sommes que par un coup d'état. Quelle extrémité que d'être réduit à désirer la guerre*[1]. M. de Marolles, qui voit tous nos tourments en philosophe, l'attend avec sérénité et donne à tous les individus nationaux son patriotisme. Je me range un peu du côté de l'église en en partageant la question. Pourtant, s'il était question de défendre son foyer, je crois que le courage reviendrait à mon secours ; mais on est

---

1. Passage incriminé.

tranquille pour Paris. Je vous conseille, Monsieur, de
venir vous y réfugier si nos campagnes sont désolées.
Mon mary traitera ces visions de folies ; il est très persuadé que, sans de si grands malheurs, tout ira le mieux
du monde. Il se porte très bien, est toujours specta-
teur assidu à l'Assemblée. Je vois souvent mon chevalier que les inquiétudes du temps ne maigrissent pas.
Il est de bonne maison. Le petit est ma petite compagnie
fidèle. Il est fort content d'avoir des maitres qui l'occupent. Agréez, Monsieur, le respect de tout mon ménage, et l'assurance du respect avec lequel j'ai l'honneur d'être votre très humble et obéissante servante
Barentin de Marolles.

Mes compliments, s'il vous plaît, à Mlle Champagne.

La même au même

Paris, rue de Verneuil, faubourg Saint-Germain, n° 84,
1er janvier 1792

C'est bien de tout mon cœur, Monsieur, que je vous
désire tout le bonheur que vous méritez et voir une fin
d'année plus heureuse que le commencement ne s'annonce. Il faut, dit-on, sauter. Les événements nous
ferons voir qu'est-ce qui sera victorieux. J'entends
discuter les deux contraires avec tant de chaleur et
rendre chacun sa cause si belle que je ne sais à qui
donner la palme. Le temps nous éclairera ; malheureux

seront les victimes. On ne peut envisager ce moment, sans effroi et sans gémir de la dure nécessité. Vous savez sans doute, Monsieur, que mon fils vogue au gré des flots. Son régiment est embarqué du 16 décembre. Ce départ m'a été douloureux et ne peut m'être adouci que par des motifs de préjugés qui le sauvent de tous ceux que sa position l'empêchait de suivre. Il est dans un régiment qui s'est toujours tenu uni, où les soldats même se sont préservés de la contagion des clubs, le même esprit anime le chef, les officiers. Il ne peut être blâmé d'y être resté fidèle. Étant à sa place, travaillant pour la patrie, il est au champ de l'honneur. Me voilà rassurée par ce côté, mais il n'est pas sûr que les nègres nous laissent tranquilles. On craint que le feu ne couve encore sous la cendre et que les colons blancs, mécontents du concordat qu'ils ont été obligés de faire avec le sang mêlé, ne soient tentés de rompre cet accord, s'ils redeviennent les plus forts. Il paraît que M. de Blanchecoudre favorise les colons blancs. De longtemps je ne puis avoir de nouvelles de mon fils. Cette idée me chagrine. J'ai eu le plaisir de voir M. Tiercelin. Il m'a promis de m'amener mademoiselle sa fille. M. de Marolles se porte toujours fort bien et persiste dans le même zèle pour l'Assemblée. J'ai parfois le courage de l'admirer, mais non de l'imiter. Enfin, il faut aller jusqu'au bout. Il a rencontré, un de ces jours, M. Delagarde des Marais qui paraît avoir envie de l'emplacement de notre ancien moulin de la

Planche, y compris seulement le petit jardin qui y est. M. de Marolles lui a dit qu'il vous consulterait et nous ne pouvons mieux nous adresser qu'à vous, Monsieur, pour savoir ce que vous pensez de cet objet. Je n'y consentirais pas s'il le fallait vendre avec sa terre. Mais il ne demande que l'emplacement qui est au bord de la rivière. M. de Marolles ne se fait pas une idée de ce que cela peut valoir. Voulez-vous bien nous dire si cette vente ne fera pas tort à ce petit bien et ce que vous croyez que ce petit terrain puisse valoir. Il vaut peut-être un peu mieux pour M. Delagarde; pourtant il ne faut pas outrer les choses. Il le demande ou achat ou rentes. Qui est-ce qui est le plus avantageux pour nous? Quand vous y aurez réfléchi, vous aurez la bonté de me mander le sujet de vos réflexions. Avez-vous la bonté de vous faire payer de nos fermiers, et avez-vous pu acquitter les mémoires du maçon et limousin de Jouy, dont je vous serai bien obligée. Landrin des Deux maisons vous a-t-il donné un compte ainsi que Chemin? Si je pouvais vous être utile dans ce pays je me trouverais heureuse. Vous verriez par le zèle que je mettrais, combien j'aurais de plaisir à vous être utile et à vous convaincre des sentiments d'attachement avec lesquels j'ai l'honneur d'être, Monsieur, votre très humble et obéissante servante.

Barentin de Marolles.

Mon gros Balthazar se porte à merveille; il est bien

content de nous voir près de lui. Il est parfaitement où
il est et profite de ses maîtres. Stanislas trouve Paris
bien beau. Je le garde avec moi, il a les mêmes maîtres
que son frère, mais, l'ayant ici, il me fait une petite
compagnie voyant peu le papa et moi sortant rarement. Tout le ménage a l'honneur de vous présenter
ses respects. Mes compliments à M. Dechassy.

Mme *de Marolles au curé de Saint-Remy*

20 novembre.

Que j'ai d'excuses à vous faire, Monsieur, et que les
apparences ont démenti mon cœur qui vous est infiniment attaché, et de plus très reconnaissant. Je m'aper-
çois que je n'ai point répondu à la lettre que vous
m'avez fait l'honneur de m'écrire le 30 août. Je l'avais
communiquée à M. de Marolles, pour qu'il me dise ses
intentions et y répondre même. Ce temps en était un
de calamité. Je l'ai perdu de vue, mon fils m'a étonnée
en me disant que vous deviez compter sur une réponse.
J'ai cherché et je retrouve cette lettre détaillée, inté-
ressante et qui me retrace la part que vous avez la
bonté de prendre à nos biens. Je ne puis assez vous
supplier de croire à mes regrets d'avoir négligé d'y
répondre. De grâce, n'en accusez pas mon cœur. Il
vous est trop dévoué, ainsi que celui de mon mary,
pour vous livrer le moindre doute. Si le temps le per-

mettait, j'irais moi-même vous en donner la nouvelle
assurance et je vous assure que M. de Marolles est de
moitié et que, si le temps n'était si constamment au
vilain, il aurait déjà eu l'honneur de vous aller voir.
Les différents sentiments ne peuvent influer sur le
changement d'opinion pour ses anciens amis. Il remet
donc à vous répondre sur les articles de votre lettre le
jour qu'il aura l'honneur de vous voir. La même saison
de pluie ne peut me faire vous engager à venir dis-
traire votre solitude paisible de peur de la troubler;
nous trouvant très bien, nous passons l'hiver en famille.
La ville ne tourne pas sur notre boussole.

J'ai reçu ce soir trois lettres de mon fils aîné, très
satisfaisantes de toutes manières. Sa santé a payé
légèrement le tribut. Le voilà acclimaté. Il a bonne
santé, en profite, s'amuse; plus heureux que nous il n'a
pas tant à gémir. Son régiment se conduit très bien,
il se loue de la discipline qui y règne. Je sens mon
bonheur de ce que le Ciel l'a conduit là; je voudrais
que nous y fussions tous; puissions-nous, au moins,
jouir ici longtemps du calme qui nous y accompagne.

Agréez. Monsieur, les hommages de mon ménage,
particulièrement de M. de Marolles qui joint aux
miens les sentiments les plus sincères de respectueux
attachement.

DE MAROLLES.

ANNEXE V

INTERROGATOIRES DES CO-ACCUSÉS

INTERROGATOIRE DE M. LEBAS

D. — Quel motif l'a porté à conserver chez lui un acte absolument contraire au système de Gouvernement adopté par la nation française, qualifié de civique et respirant l'aristocratie.

R. — Que fatigué des persécutions qu'il a éprouvé depuis son serment par des menaces écrites dans des lettres anonymes qui lui ont été jettées par dessus le mur de son jardin et qui ont été déposées chez le juge de paix du canton de Coulommiers il avait cru devoir garder la seule pièce énoncée cy-dessus pour le mettre à même de découvrir l'auteur et le dénoncer.

D. — Comment il a pu se permettre contre l'arrêté pris par le conseil de l'évêque de son département qui blamait la bénédiction donnée par son vicaire sur les billets devant former le tirage arrêté par les citoyens de sa commune pour les hommes qu'elle devait fournir pour la République[1].

---

1. Le jour du tirage au sort, les jeunes gens de Coulommiers avaient été chercher l'abbé Le Fort, vicaire, pour bénir les bulletins de tirage.

R. — Qu'il n'a point envoyé à l'évêque du département la lettre aprobative de la conduite de son vicaire, mais que la réponse qu'il avait projeté n'était que la suite des motifs qui avait porté son vicaire à satisfaire le vœu des habitans de Coulommiers, motif qui suivant lui l'excusait.

D. — S'il n'a pas eu de correspondance avec les ennemis extérieurs de la République.

R. — Qu'il n'en a jamais eu.

D. — S'il connaît le nommé Cagnyé, curé de Saint-Mars, et s'il a eu avec lui des relations intimes.

R. — Qu'il le connaît comme curé de Saint-Mars mais qu'il n'a jamais eu avec lui de relations particulières.

D. — S'il aime la Révolution française et si dans sa paroisse il s'est occupé à propager les principes de la liberté et de l'égalité.

R. — Qu'il n'a cessé d'aimer la Révolution et les principes sur lesquels elle repose, et qu'il s'est toujours fait un devoir d'instruire et d'éclairer ses concitoyens à Coulommiers sur les principes de la liberté et de l'égalité.

D. — S'il a constamment fréquenté les patriotes ou s'y, au contraire, il n'a pas eu des liaisons plus particulières avec les aristocrates.

R. — Que vivement ému des sentiments qui animent un patriote et s'étant toujours montré tel, il n'a pas cessé d'être détesté et persécuté des aristocrates dans

la commune de Coulommiers, et conséquament il n'en
a vu aucun.

D. — S'il veut choisir un conseil ou s'il veut qu'il
lui en soit nommé un par nous d'office ?

R. — Qu'il se réservait d'en choisir un si sa fortune le lui permettait, mais qu'il fut rapporté au Tribunal. En conséquence lui avons nommé le citoyen
Chauveau-Lagarde.

Signé : DAVID, LE BAS, GOUJON.

ANNEXE VI

INTERROGATOIRE DE LOUIS AUBERT A LA CONCIERGERIE

Aujourd'hui 23 brumaire de l'an II de la République, heure de... Nous, Alexandre-Edme David, Juge du Tribunal criminel révolutionnaire établi à Paris par la loi du 10 mars 1793, sans retour au Tribunal de cassation, et encore en vertu des pouvoirs délégués au tribunal par la loi du 5 avril de la même année, assisté de Jacques Goujon, commis greffier du Tribunal, en l'une des salles de l'auditoire au Palais et en présence de l'accusateur public, nous avons fait amener de la maison d'arrêt de la Conciergerie le nommé Aubert auquel avons demandé ses noms, âge, profession, pays et demeure.

A répondu se nommer Louis Aubert, âgé de vingt-huit ans, sans état, demeurant à Coulommiers-en-Brie, district de Rozoy, département de Seine-et-Marne.

D. — S'il a depuis la Révolution, et dans les diverses circonstances, manifesté des sentiments patriotiques ?

R. — Que oui.

D. — S'il croit que les sentiments patriotiques consistent à ne se repêtre (*sic*) l'esprit et le cœur que d'écrits contraires au système d'un Gouvernement adopté par la plus grande majorité, à n'entretenir de relations qu'avec les ennemis les plus déclarés du Gouvernement adopté dans son pays.

R. — Que non, que le système qu'il a toujours suivi a été le patriotisme et qu'il en donnera des preuves lorsqu'il sera dans le cas de le faire; qu'il n'a entretenu de correspondance avec le curé de Saint-Mars que jusqu'au 2 octobre 1792, temps auquel le curé de Saint-Mars n'avait point souscrit pour des papiers publics et n'en voyait point, et que lui répondant lui marquait le précis des nouvelles.

D. — Si depuis la Révolution le patriotisme dont il argue ne l'a pas constamment porté à mettre plus d'intérêt au sort du roy qu'à ceux de ses concitoyens.

R. — A dit que longtemps il a été trompé par les papiers publiques sur le compte du tyran, mais que, revenu à cet égard de l'erreur dans laquelle il avait été jeté, il n'a pas balancé d'embrasser la cause du peuple.

D. — S'il n'a pas eu de correspondance avec les ennemis de la République et s'il reconnaît le curé de Saint-Mars pour un patriote.

R. — Qu'il n'a jamais eu de correspondance avec les ennemis de la République et qu'il croit le curé de Saint-Mars patriote.

D. — S'il ne s'est jamais permis de propos contre-révolutionnaires et tendant au rétablissement de la royauté.

R. — Que non.

D. — Pourquoi il ne signait pas les lettres qu'il écrivait au curé de Saint-Mars.

R. — Que c'est son usage.

D. — S'il veut faire choix d'un conseil, ou s'il veut qu'il lui en soit nommé un par nous d'office.

R. — Qu'il se réserve d'en choisir un.

Lecture à lui faite du présent interrogatoire a dit contenir la vérité, y a persisté et a signé avec nous, l'accusateur public et le greffier.

Signé : DAVID, AUBERT fils, GOUJON.

ANNEXE VII

INTERROGATOIRE DE LIMENTON CHASSY

Interrogatoire de François-Philibert Limenton-Chassy, — heure non indiquée.

D. — Quel motif le portait à s'expliquer comme il l'a fait dans la lettre du 28 février dernier, à tourner en ridicule la souveraineté du peuple.

R. — Qu'aucun motif ne l'y portait et qu'il n'a entendu exprimer que ce que les journaux d'alors rendaient en politique.

D. — A qui la lettre dont il s'agit était écrite, et si elle n'était pas adressée au nommé Bertrand, agent d'un émigré.

R. — Que la lettre était en effet adressée au nommé Bertrand, qu'il ignore s'il est agent d'un émigré.

D. — S'il ne lui est point arrivé d'avoir à correspondre avec des ennemis de la République?

R. — Que non.

D. — S'il n'a pas eu, dans l'intérieur, des relations ou des intelligences avec des gens notoirement connus pour ennemis de la République.

R. — Que non.

D. — Quel est le célèbre troyen dont il parle dans
sa lettre au nommé Bertrand.

R. — Qu'il ne le connaissait point,

D. — Si, depuis la Révolution, il s'est montré le
défenseur du peuple et de ses droits, ou si, au contraire, par ses principes, ou par son caractère, il ne
s'est pas montré celui du tyran.

R. — Qu'il a toujours été ami du peuple et qu'il
n'a jamais eu de prédilection pour le cy-devant roy.

D. — S'il ne s'est pas permis de tenir des propos
tendant au rétablissement de la royauté et à l'anéantissement de la République.

R. — Que non.

Il se réserve de choisir un conseil.

Signé : David, Limanton, Goujon.

ANNEXE VIII

INTERROGATOIRE DE JEAN-ANTOINE REBOURS

23 brumaire. Interrogatoire de Jean-Antoine Rebours.

D. — S'il a aimé le République française et les principes sur lesquels elle repose,

R. — Qu'il l'aurait aimé s'il avait vu régner l'ordre et la tranquillité.

A lui représenté trois lettres, la première sous la date du 16 novembre 1792, la deuxième du 1 janvier 1793 et la troisième du 27 février de la même année, le sommant de nous déclarer s'il l'a reconnaît et d'apposer sa signature avec nous, ce qu'il a fait nous déclarant qu'il reconnaît lesdites lettres être de lui.

D. — Quel motif le portait à s'intéresser, comme il a fait, au sort du tyran et à se déclarer contre la Convention nationale et les amis de la liberté.

R. — Que, les opinions étant permises, il a cru avoir la liberté de manifester la sienne.

A lui représenté qu'en manifestant ses opinions contre l'intérêt général, il agit contre la société et le

21

bien de tous, ce qui ne peut être en moralité et principe considéré comme un acte de liberté, mais bien comme destructif de cette même liberté.

R. — Avoir pu écrire comme il l'a fait sans croire que cela avait pu nuire à la chose publique.

Il se réserve de choisir un conseil.

Signé : DAVID, REBOURS, GOUJON.

ANNEXE IX

23 brumaire. Interrogatoire de Augustin Leuillot, curé de Saint-Remy-de-la-Vanne, soixante et onze ans, par Alexandre-Edme David.

D. — Quel motif le portait à tenir un registre contraire à la loy pour constater les mariages, baptêmes ?

R. — Que son évêque avait ordonné aux curés de son diocèse de tenir note des actes qu'ils faisaient.

D. — S'il a depuis la Révolution manifesté des opinions patriotiques et conformes aux intérêts du peuple.

R. — Que oui, et qu'il n'a cessé de donner des preuves de son patriotisme.

D. — S'il n'a point eu des relations et des intelligences contraires aux intérêts de la République.

R. — N'en avoir jamais eu.

D — S'il connaît le nommé Quatresols de Marolles et son épouse et s'il n'a pas eu avec eux des correspondances annonçant des sentiments contraires aux intérêts de la République.

R. — Il dit qu'il connaît depuis longtemps le citoyen

Quatresols de Marolles et son épouse, mais qu'il n'a
jamais eu avec eux de relations contraires aux intérêts
de la République.

D. — Si dans sa paroisse il s'est occupé à instruire les
habitants de sa commune et à propager les principes
de la Révolution.

R. — Que oui.

Il se réserve de choisir un conseil.

Signé : LEUILLOT, DAVID, GOUJON.

ANNEXE X

INTERROGATOIRE DE CHARLES CAGNYÉ, CURÉ DE SAINT-MARS

23 brumaire, à midy, par David, juge, interrogatoire de J.-B. Charles Cagnyé, curé de Saint-Mars, âgé de cinquante-neuf ans passés.

D. — S'il ne lui est pas arrivé d'avoir des correspondances avec des ennemis de la république.

R. — Que non.

D. — Quels motifs, s'il aime véritablement son pays et la Révolution française, l'ont porté à recueillir avec soin les ouvrages les plus déclamatoires, les rapsodies les plus insultantes et les écrits provoquant à la royauté.

R. — Que toutes ces pièces ont été trouvées chez lui dans ses papiers de rebut et qu'il a eu toujours chez lui des productions pour et contre ; qu'au surplus, il est étonné qu'on n'eût pas pris à sa décharge des papiers révolutionnaires et bien destructifs des sentiments contenus dans les autres.

D. — D'où il s'est procuré les deux tables, l'une en lettres et et l'autre en chiffres sous les numéros six et sept.

R. — Que la table en lettres avait été par lui dressée

dans le dessein d'en faire usage d'après une qui lui avait été fait voir par le nommé Sourdat à lui inconnu et qu'un nommé Quatresols de la Hante lui avait amené, parce que ce dernier voulait lui vendre un bien qu'il avait dans la paroisse de Saint-Mars ; et qu'à l'égard de celle en chiffres sous le numéro sept, c'était un jeu d'esprit qu'un de ses amis nommé Colbat avait fait en 1791, et lui, répondant, avait déchiffré.

D. — S'il a constamment été le défenseur des droits du peuple.

R. — A dit qu'il n'avait jamais cessé de se montrer le défenseur des droits du peuple.

D. — Quels journaux il lisait dans la commune qu'il habitait et ceux le plus habituellement.

R. — Que depuis seize ans il voyait les *Petites Affiches de Province* composées par Querlon et Fontenay connues depuis sous le nom de *Journal général de France;* que ce journal ayant été supprimé au 10 août 1792, il a vu pendant quelque temps *le Thermomètre du jour*, ensuite *la Gazette nationale de France* et puis les *Annales de la République française*. A lui représenté qu'il paraîtra bien surprenant qu'il ait été, comme il le dit, depuis la Révolution française, le défenseur des droits du peuple, lorsque tous les papiers trouvés chez lui annoncent d'une part des lettres écrites à son adresse par des contre-révolutionnaires ou par des hommes couvrant du plus profond mépris tout ce qui n'était pas noble ou qui n'avait pas un état marquant.

R. — Que les lettres qui lui ont été présentées sont du nommé Bourgeot qui est mort depuis plus de deux ans, que ses père et mère, frère et sœur sont habitants de la commune de Saint-Mars, que le déclarant en est le curé ; que le déclarant a toujours fait les affaires de cette famille, ce qui fait qu'on a trouvé chez lui une liasse de lettres ; qu'il n'a pas partagé les sentiments qu'il blâme contenus dans ces lettres et qu'il n'a point répondu à aucune ; que le déclarant a fait son serment le 16 janvier 1790, aussitôt qu'il en a reçu l'ordre, qu'au contraire Bourgeot et son disciple Lefèvre ont refusé de faire ledit serment.

D. — S'il n'a pas reçu d'autres particuliers des lettres annonçant des sentiments contre-révolutionnaires.

R. — N'avoir jamais reçu de lettres annonçant des sentiments contre-révolutionnaires.

D. — Si, dans sa paroisse, en qualité de curé, il a prêché à ses habitants et leur a développé les avantages d'un Gouvernement fondé sur la liberté et l'égalité.

R. — Qu'il n'a cessé dans toutes les circonstances de propager dans l'esprit des habitants de la commune qu'il habite les maximes et les principes de la liberté et de l'égalité et que régulièrement, depuis l'établissement de la République, il leur a fait sentir les avantages de ce nouveau Gouvernement.

D. — Si, avec les autres détenus et coaccusés, il n'a

pas tenu des entretiens contraires aux vœux du peuple
français ; s'il n'a pas eu avec aucun d'eux des correspondances antipatriotiques et si il n'a jamais conspiré
contre le système du Gouvernement français qui, depuis
1789, époque de la Révolution, n'a cessé de se prononcer de plus en plus malgré les scélératesses de
ses ennemis tant intérieurs qu'extérieurs et la con-
juration faite contre la liberté.

R. — Que non.

(Résumé.) Ne connaissant aucun conseil, il s'en rapporte au nommé Chauveau de Lagarde.

Signé : CAGNYÉ, DAVID, GOUJON.

ANNEXE XI

QUELQUES NOMS DES OTAGES DU ROI

MM. Le Baillif de Mesnager ;
  de Beauville de la Londe, offrant avec lui son fils
    âgé de onze ans ;
Charles du Barail, ancien capitaine ;
Comte de Beaumont ;
Bertrand de la Laurencie ;
Comte de la Boulaye ;
Victor de Castillon, juge du roi ;
de la Chassagne, garde du corps ;
Marquis de Chastenay ;
Comte de la Chaussée ;
Louis de la Chevardière ;
de Clinchamp ;
Comte de Condorcet ;
du Coëtlosquet ;
Dorlan de Polignac ;
de Falaiseau ;
Comte de Ferrières, lieutenant de dragons ;
Comte de Fleurigny et trois autres de même nom ;
de Fontenay ;

Baron de Foucaucourt ;
de Fontbonne ;
d'Hespel d'Hoeron ;
Comte de Lespinasse-Langeac ;
Montalembert, offert par sa mère, quinze ans ;
du Parc ;
de Pierrepont ;
de Puisaye ;
Comte de la Roche-Lambert ;
Comte de Violaines.

ANNEXE XII

(Air : *Colin disait à Lise un jour*)

Le peuple nous dit : Ça ira
Mais il changera de langage
Le démagogue enfin criera
Contre tout ce verbiage
    Un jour il dira
    A tous ces gens-là
Nous n'en voulons pas davantage.

Alors l'aristocratie ira
Oubliant l'insulte et l'outrage
Montrer au peuple qu'il sera
Le soutien de son ménage
    Honteux de cela
    Le peuple verra
Auquel il doit rendre hommage

Le fédéré qui voit cela
Et qui n'a vu que du tapage
A son retour chez lui dira
De l'enfer, c'est l'aréopage
    L'un est un fripon
    L'autre est un poltron
Nous n'en voulons pas davantage

Sous notre bon roi, ça ira
Si des coquins on le dégage
Chacun de nous lui fournira
De quoi réparer le dommage
          Alors on rira
          Chacun chantera
Nous n'en voulons pas davantage

La Reine aussi dit ça ira
Tout va dans ce monde être sage
Et le Dauphin aussi sera
Comme une petite image
          C'est une leçon
          Chère de façon
Nous n'en aurons pas davantage.

Le duc d'Orléans s'en ira
Chacun sait que c'est son usage
Le brave Anglais repoussera
Ce traître de son rivage
          Où sa femme sera...
          Ségur le fera...
Mais n'en disons pas davantage.

ANNEXE XIII

EXTRAITS DU REGISTRE

DES PROCÈS-VERBAUX DES DÉLIBÉRATIONS DE LA SOCIÉTÉ POPULAIRE DE COULOMMIERS

Nous, Antoine Le Roy, maire de Coulommiers, juré au Tribunal révolutionnaire, Claude-Louis Deboulongne et Couture, en vertu des pouvoirs à nous donnés par le Comité révolutionnaire de cette commune à l'effet de recevoir les dépositions des citoyens, nous sommes réunis le 16 frimaire en la demeure du citoyen maire, cinq heures de relevée, pour procéder à l'inscription des citoyens, qui en auraient à faire, et avons signé en cet endroit :

LEROY, COUTURE, DEBOULONGNE.

(Suivent de nombreuses dénonciations suivies de ces trois signatures.)

DÉNONCIATION CONTRE LE MÉDECIN MARTIN

Comité de Coulommiers « sur notre réquisition » le citoyen Leroy, maire et juré au Tribunal révolutionnaire

a déclaré que le député devant lequel le citoyen Martin
médecin, a tenu des vociférations contre la Convention
et la Montagne, chez le citoyen Delagarde de Courta-
lin, se nomme Godefroy, du département de l'Oise et
qu'il requiert que le Comité se procure la déposition de
ce député contre Martin.

Fait au Comité le 17 brumaire an II (7 novembre 1793).

Signé : LEROY.

FIN

TABLE DES MATIÈRES

		Pages.
Préface		V
I. — Coulommiers avant 1789		1
II. — Le citoyen Le Roy de Montflobert		35
III. — Les lettres d'une mère, 1re série. — Avant le départ du Havre		51
IV. — Les lettres d'une mère, 2e série. — Jusqu'au 10 août		87
V. — — — 3e série. — Après le 10 août		131
VI. — Les otages du roi		161
VII. — La petite Vendée		177
VIII. — La mort		225
IX. — Épilogue		273
X. — Pièces justificatives		283

TOURS. IMPRIMERIE DESLIS FRÈRES, 6, RUE GAMBETTA.

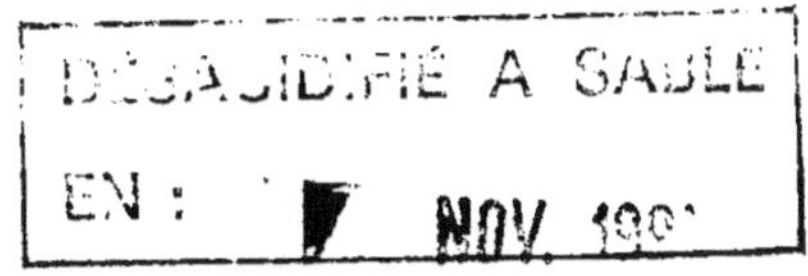